Erziehen ohne Strafen

Ethik im Unterricht

herausgegeben von
Ursula Reitemeyer

Band 14

Sebastian Gräber

Erziehen ohne Strafen

Zur Kritik der pädagogischen Strafforschung

Waxmann 2023
Münster • New York

Bibliografische Informationen der Deutschen Nationalbibliothek
Die Deutsche Nationalbibliothek verzeichnet diese Publikation in der Deutschen Nationalbibliografie; detaillierte bibliografische Daten sind im Internet über http://dnb.dnb.de abrufbar.

Ethik im Unterricht, Band 14

ISSN 1615-9497
Print-ISBN 978-3-8309-4644-1
E-Book-ISBN 978-3-8309-9644-6

Steinfurter Straße 555, 48159 Münster

www.waxmann.com
info@waxmann.com

Umschlaggestaltung: Gregor Pleßmann, Ascheberg
Satz: Roger Stoddart, Münster
Druck: CPI Books GmbH, Leck

Gedruckt auf alterungsbeständigem Papier, säurefrei gemäß ISO 9706

Dieses Buch wurde klimaneutral produziert.

Printed in Germany

Vorwort der Herausgeberin

Mit Foucault gegen Foucault

Ausgehend von der These einer unzureichenden Thematisierung pädagogischer Strafe in der erziehungswissenschaftlichen Forschungsliteratur seit den 1970er Jahren steht Gräbers Entwurf einer *Kritik der pädagogischen Strafforschung* unter dem Anspruch, Grundzüge einer *kritischen* Theorie pädagogischen Strafens zu skizzieren.

Insofern der starke Einfluss Foucaults auf den erziehungswissenschaftlichen Diskurs, ausgelöst durch seine Studie Überwachen und Strafen (1975, dt. 1976), seit den 1980er Jahren bis in die Gegenwart ungebrochen ist und im Zuge der Foucault-Rezeption pädagogische Strafpraxis durchaus untersucht wird, erläutert Gräber seine Ausgangsthese dahingehend, dass die poststrukturalistischen Auseinandersetzungen mit dem Phänomen des pädagogischen Strafens nach den pädagogischen Reformbewegungen in den 1970er Jahren – von wenigen Ausnahmen abgesehen – durch eine von Foucault vorgegebene „normative Enthaltsamkeit" gekennzeichnet seien, infolgederer die pädagogische Sinnperspektive nicht mehr als eine ethische bestimmt werden könne. D. h. genauer, dass es mit Foucault zwar möglich wird, Strafpraxen als solche zu identifizieren, auch dann, wenn sie sich hinter einem vermeintlich von Lehrern und Schülern frei ausgehandelten Regelwerk verbergen, das suggeriert, dass die auf einen Regelverstoß folgende Strafe eine natürliche Konsequenz sei, Strafe also gewissermaßen naturalisiert werde. Zugleich kann aus Foucaults genealogischer Methode, die die Unhintergehbarkeit von Machtverhältnissen aus ihrer archaischen Herkunft ableitet – Gräber spricht in diesem Zusammenhang von einer „Ontologisierung der Macht" – aber nicht die pädagogisch ethische Forderung entwickelt werden, dass das pädagogische Verhältnis in erster Linie *kein* Machtverhältnis sei, weshalb auch Strafen, die immer ein Machtgefälle voraussetzen, pädagogisch nicht legitimiert werden können. Mit Foucault lasse sich wohl feststellen, wie Strafen praktiziert werden und im Sinne der Disziplinierungs- bzw. Regierungsinteressen auf allen gesellschaftlichen Ebenen funktionieren, aber nicht die Forderung aufstellen, dass Strafen in pädagogischen Handlungszusammenhängen nichts zu suchen haben, auch nicht als *ultima ratio.*

Hinsichtlich der von Foucault ausgearbeiteten Ontologie der Macht erscheint sein genealogisches Verfahren, die Herkunft der Positivitäten biologisch evolutionär zu erklären, nicht schlüssig. Ontologisch gefasst ist Macht als soziales Verhältnis so wie die Soziabilität des Menschen überhaupt zwar unhintergehbar, als praktizierte aber unzweifelhaft sozialgeschichtlich vermittelt. Anders gefragt: Warum sollte sich die Forschung auf die Suche nach der Herkunft bestimmter Machtverhältnisse und Strafpraxen begeben, wenn Macht als bio-ontologisches Ordnungssystem keine Geschichte durchläuft, gewissermaßen wie der absolute Geist Hegels auf jeder Entwicklungsstufe sich selbst gleich ist und – wie Kant bereits gegen den moralischen Defätismus in Anschlag brachte – Historie ähnlich einem Possenspiel nur im Äußerlichen stattfindet.

Gräbers Kritik an der auf Foucault zurückgehenden „normativen Enthaltsamkeit" pädagogischer Straftheorien ist gut begründet. Es reicht nicht, mit Foucault zu zeigen, dass vermeintlich strafersetzende Maßnahmen wie das Ausgliedern nicht-konformer Schüler vom Fachunterricht unpädagogische und hinsichtlich eines störungsfreien Unterrichts womöglich auch „ineffiziente" Maßnahmen sind. Es muss darüber hinaus gezeigt werden können, dass pädagogisches Strafen, auch wenn es allerorten stattfindet, nicht sein soll. Ob das genealogische Verfahren das Instrumentarium zur Verfügung stellt, die aus ontologisch begründeten Machtstrukturen abgeleiteten Strafpraxen als „nicht-sein-sollende" wenigstens zu kritisieren, erweist sich als zentrale Aufgabenstellung der vorliegenden Studie, weshalb sie auch zurecht als vierzehnter Band der Reihe *Ethik im Unterricht* erscheint.

Im Zuge der hier angedeuteten ethischen Defizite einer auf Foucault sich beziehenden poststrukturalistischen Pädagogik erscheint es durchaus statthaft, Prinzipien der „negativen Erziehung" in Erwägung zu ziehen, die ja nicht auf die Vermeidung von Differenzen zwischen Erzieher und Zögling bzw. Lehrer und Schüler zielen, sondern auf den Ausschluss willkürlicher Strafpraxen, die im schulischen Kontext immer mit dem Vorrang eines ungestört voranschreitenden Fachunterrichts legitimiert werden. Nach Maßgabe der negativen Erziehung ist aber nicht der ungestörte Unterricht oberstes Erziehungsziel, und damit auch nicht eine festgesetzte Ordnung des Lehrens und Lernens, sondern das selbständige Urteilen, d. i. die Befreiung des Zöglings von der Vormundschaft der Eltern, der Lehrer, der Wissenschaftler, der Politiker usw., wodurch jegliche Strafpraxis als pädagogisches Mittel ausscheidet. Das von Rousseau in Anschlag gebrachte „Joch der Notwendigkeit", das jedem Handeln Grenzen setzt oder auch „natürliche Strafen" nach sich zieht – wurde das Fenster mutwillig zerbrochen, muss der Verursacher die hereinströmende Kälte mit allen Nebenwirkungen in Kauf nehmen – fällt nämlich nicht in das Schema der von Gräber kritisierten „Naturalisierung von Strafe", sondern nur in das Schema eines natürlichen Lernens durch die Erfahrungen. Denn nicht jede schmerzhafte Erfahrung ist eine Strafe, sondern im Fall des mutwillig zerbrochenen Fensters eine ebenso natürliche wie logische Konsequenz (Ursache-Wirkung-Prinzip). Darum kann Rousseau auf jeglichen Regelkatalog, d. h. auf Praktiken affirmativer Erziehung verzichten, weshalb auch nicht seinem Erzieher, sondern der Vernunft, die der Erzieher nur repräsentiert, die ganze machtlose Macht gehört. Darin – dies nur am Rande – besteht die Dialektik des hypothetischen Erziehungsexperiments: im Erziehungsroman *Emile* wird das, was pädagogisch sein soll – Erziehung ohne Strafe – als ein pädagogisch Wirkliches dargestellt.

Entsprechend der hier kurz umrissenen Problemstellung ist Gräbers Studie zur neueren Strafforschung strukturiert. In der Einleitung wird in Anlehnung an Sophia Richter (2018, 2019) auf ein Forschungsdefizit im Kontext pädagogischer Strafpraxis hingewiesen, das sich durch die erziehungswissenschaftliche Rezeption Foucaults (Kap. 2) nicht beheben lasse und in der schulischen Unterrichtspraxis zu entsprechendem Missmanagement in der Klassenleitung führe (Kap. 3). Denn Ziel sei nicht der gute, sondern der effiziente Unterricht, wobei effizienter Unterricht mit störungsfreiem Unterricht gleichgesetzt werde. Im vierten Kapitel, überschrieben mit *Desiderata für Theorie, Praxis und Forschung*, kritisiert Gräber die zunehmende Abspaltung schulischen Unterrichts von erziehenden Aufgaben, welches er zu Recht auf die normative Abstinenz pädagogischen Unterrichtsmanagements zurückführt, aus dessen Sicht Erziehung nichts anderes sei als die „repressive Kehrseite der Bildung", für die das Elternhaus oder der Sozialarbeiter außerschulisch zu sorgen habe. Dass mit der normativen Enthaltsamkeit der Pädagogen zugleich erziehender Unterricht abgeschafft wird und damit die von Bourdieu festgestellten „feinen Unterschiede" (1979, dt. 1982) zwischen den sozialen Klassen durch die Schule verfestigt, statt verflüssigt werden, ist eine Nebenfolge des „Effizienz-Unterrichts", der von der poststrukturalistischen Pädagogik viel zu wenig beachtet wird.

Es gelingt Gräber, am Beispiel des pädagogischen Strafens die Grenzen einer ontologischen Machttheorie und eines gouvernementalen Erziehungs- und Bildungsverständnisses aufzuzeigen und zugleich auf die Schwierigkeit des Strafverzichts, etwa in der sogenannten frühkindlichen Disziplinierungsphase, hinzuweisen, sofern Disziplinierung *per se* – dies etwa im Unterschied zu Rousseau und Kant – als ein auf Strafe angewiesenes Verfahren eingeschätzt wird. Hier werden viele Türen zu weiteren Forschungsfragen in pädagogischen Subdisziplinen wie der interkulturellen oder integrativen Pädagogik aufgeschlossen, und zwar auf eine sehr originelle Art. Die Originalität besteht darin, aus der Genealogie des Strafens nicht die von Foucault angenommene Unhintergehbarkeit des Machtdispositivs in pädagogischen Handlungszusammenhängen abzuleiten, sondern stattdessen die konstitutive Bedeutung eines ethischen Verhältnisses zwischen Erzieher und Zögling für pädagogische Praxis zur Geltung zu bringen. Steht der Erzieher in keinem ethischen Verhältnis zum Zögling, kann er ihn nicht erziehen, allenfalls disziplinieren bzw. regieren.

Ursula Reitemeyer
Im November 2022

Inhalt

Einleitung[1]

> „Furchtbares hat die Menschheit sich antun müssen, bis das Selbst, der identische, zweckgerichtete, männliche Charakter des Menschen geschaffen war, und etwas davon wird noch in jeder Kindheit wiederholt.“[2]

Der Widerspruch von Freiheit und Zwang gilt als eine grundlegende Aporie der Pädagogik. Spätestens seit Kants berühmter Frage: „Wie kultiviere ich die Freiheit bei dem Zwange?“[3] ist er ins Zentrum der wissenschaftlichen Auseinandersetzung mit pädagogischen Themen gerückt und stellt bis heute ein wesentliches Problem der theoretischen wie praktischen Arbeit dar. Real wirksam wird er vor allem in letzterer: Die medial in einer Vielzahl von Artikeln beschriebene Überforderung von Lehrpersonen mit ‚undisziplinierten‘ Schülern[4] deckt sich zumindest in Teilen mit einer Umfrage des Instituts Allensbach aus dem Jahre 2011, der zufolge 49% der Lehrpersonen den Umgang mit den Schülern als anstrengender empfinden als fünf bis zehn Jahre zuvor: „Verwiesen wird vor allem auf die geringe Disziplin und die nachlassende Konzentrationsfähigkeit der Schüler“[5], so ein Ergebnis der Befragung. Im Zuge der Corona-Pandemie scheint sich diese Tendenz noch verschärft zu haben. In der von der Robert-Bosch-Stiftung in Auftrag gegebenen Befragung von 1.017 Lehrpersonen für das *Deutsche Schulbarometer* (2022) gaben 80% der Lehrpersonen an, dass sie seit dem Beginn der

---

1 Die vorliegende Studie ist eine leicht überarbeitete Version meiner Masterarbeit, die unter dem Titel *Theorie, Praxis und Erforschung (schul-)pädagogischen Strafens. Vorstudie zu einer Kritik* am Institut für Erziehungswissenschaft der Universität Münster angenommen wurde. Sie wurde von Prof. Dr. Ursula Reitemeyer und Prof. Dr. Johannes Bellmann betreut. Beiden danke ich herzlich für ihre Hinweise, Anmerkungen und die Unterstützung, die sie mir für diese Arbeit haben zuteilwerden lassen. Ebenso danke ich Thassilo Polcik für seine Korrekturen und Kommentare, die nicht marginal zur Entstehung dieser Arbeit beigetragen haben.

2 Horkheimer, M., & Adorno Th. W. (2013). *Dialektik der Aufklärung. Philosophische Fragmente.* 21. Auflage. Frankfurt/Main: Suhrkamp, S. 40.

3 Kant, I. (1961). *Über Pädagogik.* Herausgegeben von Hermann Holstein. Kamps pädagogische Taschenbücher, Bd. 5. Bochum: Kamp, S. 40.

4 In der vorliegenden Studie werden, wo immer möglich, genderneutrale Formen verwendet, solange diese semantisch wie grammatikalisch korrekt sind. Wo dies nicht möglich ist, wird zur besseren Lesbarkeit auf das generische Maskulinum zurückgegriffen, womit selbstverständlich alle Geschlechter gemeint sind.

5 Institut für Demoskopie Allensbach (2011) (Hrsg.). *Schul- und Bildungspolitik in Deutschland 2011. Ein aktuelles Stimmungsbild der Bevölkerung und der Lehrer.* Allensbach: Institut für Demoskopie, S. 19.

Pandemie zunehmende Konzentrationsmängel und Motivationsprobleme bei Schülern verzeichnen, 39% gaben ein gestiegenes aggressives Verhalten zu Protokoll, 52% beobachteten eine höhere körperliche und motorische Unruhe. Zugleich gaben noch 44% der Befragten an, ihr Unterricht bestehe aktuell zum „Großteil" aus „Krisenmanagement"[6]. Dieser Verunsicherung durch ‚disziplinlose' Schüler steht eine tagtägliche Strafpraxis im schulischen wie außerschulischen Bildungs- und Erziehungsbereich gegenüber.

Das in der Lösung des Dilemmas von Freiheit und Zwang bestehende Kernanliegen der Pädagogik ist folglich keinesfalls ein rein theoretisches Gedankenspiel, sondern bestimmt wesentliche Teile des für die Öffentlichkeit zumeist unsichtbaren pädagogischen Alltags. Zwar hat sich die Form des pädagogischen Strafens innerhalb der Schulgebäude im Laufe der Jahrhunderte deutlich verändert, ihre vermeintliche Notwendigkeit scheint in der Praxis dennoch (unbewusster) Konsens zu sein. Prügel- und Körperstrafen sind inzwischen weitestgehend aus den Schulen verbannt und werden nicht nur sozial, sondern auch strafrechtlich geächtet. Ihren Platz haben kleinere Strafen und Kontrollen eingenommen, die Schüler jedoch nicht weniger unter Druck zu setzen vermögen: Diese reichen von eher harmlosen Blicken über Bloßstellungen, Demütigungen und Beleidigungen auf Kosten der Schüler bis hin zum wohl etabliertesten Mittel der Strafe – der schlechten (Verhaltens-)Note. Darüber hinaus hat sich gerade in den vergangenen beiden Jahrzehnten ein komplexes Geflecht an psychologisch differenzierten Methoden ausgebildet, die das Verhalten der Schüler subtil beeinflussen sollen; darunter vor allem die viel beschworenen Maßnahmen des *classroom management*, der *Streitschlichtung* sowie der so genannte *Trainingsraum*.

All diesen vielfältigen Mitteln ist gemeinsam, dass sie nicht dazu in der Lage sind, den zwischen Lehrpersonen und Schülern auftretenden Konflikt tatsächlich zu lösen. Sie stellen vielmehr autoritäre oder subtile Gesten und Strategien zur einseitigen *Auf*lösung eines Konflikts zu Gunsten der Lehrpersonen und des störungsfreien Unterrichts dar. Annedore Prengel bezeichnet eine solche Zurechtweisung von Kindern und Jugendlichen durch Lehrpersonen als „destruktive Ansprache", die dazu in der Lage ist, die Anerkennung der Probleme dieser Kinder und Jugendlichen zu verhin-

---

6 Robert-Bosch-Stiftung (2022) (Hrsg.). *Das Deutsche Schulbarometer. Aktuelle Herausforderungen der Schulen aus Sicht der Lehrkräfte.* Online-Publikation, abrufbar unter https://www.bosch-stiftung.de/sites/default/files/documents/2022-06/RBS_DIN%20A4%20hoch_SCHULBAROMETER%20220608_RZ_V1.pdf, S. 9f. sowie S. 17f.

dern und die somit in einer „destruktiven Beziehung“[7] zu den Lehrpersonen münden können. Anhand von rund 10.000 Teildatensätzen aus Beobachtungsstudien des Netzwerks INTAKT schätzt Prengel, dass etwa „ein Viertel der Interaktionen von Lehr- und Fachkräften mit Kindern und Jugendlichen in Kitas und Schulen als verletzend zu charakterisieren“[8] seien. Die Frage nach dem Verhältnis von Freiheit und Zwang in Form der pädagogischen Strafe ist somit keineswegs allein für die Allgemeine Pädagogik von Bedeutung, sondern spielt *gerade* in der pädagogischen Praxis sowie für die Schulpädagogik eine nicht zu unterschätzende Rolle.

Angesichts der frappierenden Zahlen ist es umso beachtlicher, dass sich die deutschsprachige pädagogische Theorie und Forschung in den letzten Jahrzehnten – genauer gesagt seit den 1970er Jahren – kaum mehr explizit mit dem Thema des pädagogischen Strafens beschäftigt hat. In nahezu allen Neuerscheinungen zu diesem Fragenkomplex wird ein massives Desinteresse der akademischen Forschung bemängelt, wie Sophia Richter prägnant zusammenfasst: „Während sich Strafpraktiken in Schulen täglich beobachten lassen, finden sich demgegenüber in der erziehungswissenschaftlichen Literatur seit über 40 Jahren nur vereinzelt Auseinandersetzungen zu dem Phänomen und zumeist wird in diesen lediglich die fehlende Auseinandersetzung problematisiert.“[9] Der Begriff der Strafe scheint im Zuge der Debatten um die antiautoritäre Pädagogik im Nachgang zur 68er-Bewegung als *un*pädagogischer gekennzeichnet und damit innerhalb der Pädagogik tabuisiert worden zu sein. Dies ist umso beachtlicher, da bis zu diesem Zeitpunkt kaum ein pädagogisches Standardwerk von Campe über Francke, Rousseau und Schleiermacher bis hin zu den so genannten geisteswissenschaftlichen Pädagogen wie Nohl und Weniger ohne eine Beschäftigung mit der Frage nach dem ‚gerechten Strafen‘ auskam.[10]

Mit dem Verschwinden der pädagogischen Strafe aus der wissenschaftlichen Theorie und Forschung entsteht eine Lücke zwischen diesen und der pädagogischen Praxis: Während Lehrpersonen wie Schüler sich tagtäglich

---

7 Prengel, A. (2020b). *Destruktive Beziehungen in pädagogischen Arbeitsfeldern – Empirische und theoretische Zugänge.* Online abrufbar unter https://paedagogische-beziehungen.eu/wp-content/uploads/2020/05/Prengel_DestruktiveBeziehungen.pdf, S. 1.

8 Prengel, A. (2020a). Der furchtbare Moment im Bildungsprozess – Elemente einer Theorie destruktiver pädagogischer Relationalität. In: G. Hagenauer, & D. Raufelder (Hrsg.), *Soziale Eingebundenheit. Sozialbeziehungen im Fokus von Schule und Lehrer*innenbildung.* Münster: Waxmann, S. 61.

9 Richter, S. (2018). *Pädagogische Strafen. Verhandlungen und Transformationen.* Weinheim: Beltz Juventa, S. 10f.

10 Vgl. ebd., S. 71.

mit Fragen und Folgen des Strafens auseinandersetzen müssen, schweigt die Erziehungswissenschaft überwiegend zu diesem Komplex, der allen Beteiligten schadet: In erster Ordnung den Schülern, die unter den Folgen der teilweise physischen, vor allem aber psychischen Gewalt leiden, in zweiter Ordnung den Lehrpersonen, die mit ihrer Frage nach der Herstellung eines Raums, in dem Unterricht möglich sein soll, ohne diesen gewaltvoll herbeizuführen, allein gelassen werden und die in aller Regel der Strafe auch eher ablehnend gegenüberstehen. Die Antwort der (reform-)pädagogischen Theorie, Strafe dürfe nicht sein, geht – so berechtigt sie ist – an der materiellen Lebensrealität der schulischen Akteure vorbei und mündet im Dilemma der ‚unpädagogischen' Strafe als pädagogisch notwendig erscheinendem Mittel, wozu die Tabuisierung des Strafthemas wesentlich beigetragen haben dürfte.

Doch selbst dort, wo eine theoretische und wissenschaftliche Auseinandersetzung mit dem Thema stattfindet, wird das Problem nicht adäquat behandelt. Aktuelle Studien und Forschungsarbeiten zum schulpädagogischen Strafen enthalten sich nämlich eines Urteils über die pädagogische Strafpraxis und tendieren dazu, lediglich die Formwandel der pädagogischen Strafe nachzuzeichnen und vergleichend aufeinander zu beziehen. Ihnen gelingt die historische Beschreibung, nicht aber das Urteil über die pädagogische Strafpraxis, dem sie aktiv entsagen. Diese Entsagung, so meine These, hat System: Sie liegt dem gewählten Forschungsansatz zugrunde. Die überwältigende Mehrzahl der ohnehin spärlichen Publikationen zu diesem Thema greifen nämlich auf Foucaults genealogische Methodik sowie deren Rezeption zurück und beziehen sich auf dessen Begriffe der Macht, des panoptischen Strafens sowie der Gouvernementalität. So gut sich diese Ansätze dazu eignen, um eine historiographische Analyse der Straftheorie und -praxis vorzunehmen, so sehr enthalten sie sich eines Urteils über diese Strafpraxis selbst. Dies liegt in ihren Begrifflichkeiten begründet: Foucaults Machtbegriff und seine genealogische Analyse sind immanent nicht dazu in der Lage, Kritik an der pädagogischen Strafe *als solcher* sowie den sie herbeiführenden gesellschaftlichen Umständen zu formulieren, da Machtverhältnisse und -beziehungen in ihnen immer schon vorausgesetzt sind und nicht als gesellschaftlich hervorgebrachte Kategorien begriffen werden. Macht und in ihrer Folge Gewalt erscheinen so als notwendige und überhistorische Bestandteile des pädagogischen Verhältnisses. Das ist ein Erklärungsansatz dafür, dass Strafe aus dem pädagogischen Blickfeld verschwindet, obwohl sich mit dem Autor von *Überwachen und Strafen* ein Bezugsautor in der Erziehungswissenschaft zu etablieren begann, der diesem Problemfeld eines seiner Hauptwerke widmete. Dies nachzuweisen sowie

Alternativen zum genealogisch-gouvernementalen Forschungsparadigma aufzuzeigen, die auch Empfehlungen für die pädagogische Theorie, Praxis und Forschung zu formulieren erlauben, ist Ziel der vorliegenden Arbeit.

In der schulpädagogischen Praxis wiederum lassen sich unterschiedlichste Umgangsweisen mit der Disziplinierung von Schülern feststellen. Anhand der sehr spärlichen Forschungsliteratur zu diesem Thema lassen sich noch keine endgültigen Schlüsse über diese ziehen, jedoch scheinen einige Tendenzen auf, die hier aufgegriffen und analysiert werden. Lehrpersonen können heute auf unterschiedlichste Disziplinierungsmechanismen zurückgreifen, die sich zwischen klassischen Strafmethoden, präventivem *classroom management* und institutionalisierten Methoden wie dem so genannten Trainingsraum und der Streitschlichtung bewegen. Die herrschende Unsicherheit im Umgang mit Disziplinierung resultiert dabei aus der Einspannung der Lehrpersonen zwischen pädagogischem Anspruch einer Erziehung zur Mündigkeit und gesellschaftlichem Anspruch einer effizienten Ausbildung, sodass Lehrpersonen oftmals zur Strafe greifen müssen, obwohl sie dies *expressis verbis* nicht möchten. In diesem Dilemma ist es nur zu verständlich, dass sich mit dem Trainingsraum oder dem Streitschlichtungsprogramm innerschulische Institutionen herausgebildet haben, an die Lehrpersonen das Strafdilemma gerne delegieren.

Diesem kurzen Überblick analog ergeben sich drei Thesen zum gegenwärtigen Bezug der Pädagogik auf die Strafe: 1) Die pädagogische *Theorie* verhält sich gegenüber der Strafe *tabuisierend*, indem sie diese als unpädagogisches Mittel aus der Debatte verbannt; 2) Die pädagogische *Forschung* tritt dem Phänomen der Strafe mit einer *normativen Enthaltsamkeit* gegenüber, die sich auf einen Foucault folgenden Forschungsansatz zurückführen lässt; 3) Die pädagogische *Praxis* reagiert auf das Dilemma von Freiheit und Zwang wesentlich mit einer *Verdrängung* des Strafthemas durch Delegation der Verantwortung.

Diesen Thesen analog erfolgt der Aufbau des Buches. Im ersten Teil wird das Verschwinden der Strafe aus der pädagogischen Theorie nachgezeichnet, welches überhaupt erst die Lücke zwischen Theorie, Praxis und Forschung klaffen lässt, die diese Arbeit zu reflektieren und in Ansätzen zu schließen versucht. Dazu wird zunächst anhand einiger Klassiker der Bildungstheorie dargestellt, welche Wandlungen das Verhältnis der Theorie in Bezug auf das Phänomen der Strafe durchlaufen hat. Dabei können die Ausführungen August Hermann Franckes, Jean-Jacques Rousseaus sowie Georg Wilhelm Friedrich Hegels in Bezug auf Strafe respektive deren Rezeption in der Pädagogik als typische Modelle der Legitimation von Strafe dienen, als welche sie bis in die 1970er Jahre hinein noch interpretiert wurden. Die Modelle zeichnen sich dabei jeweils durch eine unterschiedliche Interpretation des Verhältnisses von Allgemeinem und Besonderem aus, dem jeweils eine analoge Gewichtung der Strafe im Erziehungsprozess korrespondiert. Gemeinsam ist diesen Klassikern jedoch, Strafe als *immanent pädagogisches Problem* aufzufassen und zu behandeln (1.1).

Im Unterschied dazu wird Strafe seit den 1970er Jahren immer mehr zu einem *außerpädagogischen* Problem gemacht. In diesen Jahren setzt eine Tabuisierung oder treffender eine *rhetorische Modernisierung*[11] bezüglich des Strafbegriffs in der Pädagogik ein, die Sophia Richter am Beispiel pädagogischer Lexika nachvollzogen hat. Ihre These wird nachvollzogen und mit zusätzlichen Befunden angereichert. Dabei wird die Frage mitberücksichtigt, inwiefern die Tabuisierung pädagogischer Strafe sich auch in der zunehmenden Abwendung vom Begriff der *Erziehung* hin zur *Bildung* niederschlägt (1.2).

Für die Erziehungswissenschaft und ihre Forschung sind in der Beschäftigung mit dem Paradox pädagogischen Strafens vor allem die erkenntnistheoretischen Prämissen Michel Foucaults bedeutsam geworden. Genau zu der Zeit, zu der die pädagogische Theorie diese Frage zunehmend beschweigt, erfreuen sich Foucaults Ideen einer wachsenden Popularität in der pädagogischen Forschung zum selben Thema. Spätestens seit den 1990er Jahren kommt kaum eine pädagogische Studie zum Thema Strafe ohne einen Bezug auf dessen Werk *Überwachen und Strafen* aus – bis heute. Das zweite Kapitel dieses Buchs beschäftigt sich entsprechend mit den erkenntnistheoretischen Prämissen Foucaults, die von der pädagogischen Forschung zum Thema Strafe weitestgehend unkritisch geteilt wurden und werden.

In der Frühphase seines Werks verfolgt Foucault einen *genealogischen* Ansatz, während er sich später, gewissermaßen als Ausweitung dieses Konzepts, der *Gouvernementalität* zuwendet. Die Grundzüge dieser Theorie, die in der Pädagogik zu Forschungsparadigmen in Bezug auf Strafe geronnen sind, müssen entsprechend dargelegt werden (2.1). Dabei wird zunächst der

---

11 Den Begriff entlehne ich bei Angelika Wetterer, die damit die Differenz von sprachlichem Ausdruck und tatsächlicher Praxis in der geschlechtlichen Arbeitsteilung darzustellen versucht (vgl. Wetterer, A. (2013). Das erfolgreiche Scheitern feministischer Kritik. Rhetorische Modernisierung, symbolische Gewalt und die Reproduktion männlicher Herrschaft. In Appelt, E., Aulenbacher, B., & Wetterer, A. (Hrsg.), *Gesellschaft. Feministische Krisendiagnosen.* Münster: Westfälisches Dampfboot. S. 246–266). Analog dazu besteht eine Diskrepanz zwischen der sprachlichen Ablehnung der Strafe als ‚unpädagogischem' Mittel und der gleichzeitigen pädagogischen Praxis, die regelmäßig von Strafpraktiken Gebrauch macht.

Begriff der Genealogie mit seinen Bezügen zu den für Foucault kennzeichnenden Begriffen wie Macht, Dispositiv und Diskurs erläutert. Zugleich werden Foucaults Bestimmungen von Wahrheit und Kritik einer kritischen Analyse unterzogen (2.1.1). Anhand von *Überwachen und Strafen* wird daraufhin das Theoriegerüst Foucaults anhand des Themas der Strafe exemplifiziert und mit Inhalt gefüllt; hieran lässt sich Foucaults Engführung von Strafe und Macht nachvollziehen (2.1.2). Schließlich geht Foucault in Anschluss an das letzte Kapitel von *Überwachen und Strafen* von dem Konzept der Genealogie zur Idee der Gouvernementalität über, mit der er die Internalisierung von Straf- und Machtprozessen verdeutlicht (2.1.3).

Der zweite Abschnitt dieses Kapitels beschäftigt sich mit einer Kritik des Foucaultschen Denkens. Dabei steht eine kritische Auseinandersetzung mit dessen Machtbegriff im Zentrum, da dieser es Foucault nicht ermöglicht, Macht (und damit Strafe als eine ihrer Erscheinungsformen) als ein menschengemachtes Phänomen zu begreifen. Foucault betrachtet Macht vielmehr als eine übermenschliche, zeitlich ewige und unhintergehbare Struktur, die sich in einander bekämpfende Mächte und Gegenmächte einteilen lässt. Jedoch kennt er kein ‚Jenseits' der Macht, keine Gesellschaft, in der Macht keine Rolle spielen könnte. Strafe, die eine Ausdrucksform der Macht darstellt, ist dann ebenso unhintergehbar. Für Foucault kann eine Auflehnung gegen ein Unrecht wie das der Strafe deshalb lediglich darin bestehen, sie abzumildern oder durch gerechtere Strafe zu ersetzen, niemals jedoch sie abzuschaffen (2.2).

Eine solche Vorstellung von Strafe und Macht beeinflusst auch die wesentlichen Forschungsansätze innerhalb der Pädagogik zu dem untersuchten Thema. Der Rezeption Foucaults sowie der aus ihnen erfolgenden *normativen Enthaltsamkeit* bezüglich eines Urteils über Sinn und Unsinn von Strafe widmet sich der letzte Teil dieses Kapitels (2.3).

Das dritte Kapitel widmet sich der These der *Verdrängung* von Strafe in der pädagogischen Praxis der Schule. Dabei werden zunächst unterschiedliche Disziplinarpraktiken untersucht, die sich derzeit auch im deutschsprachigen Raum großer Beliebtheit erfreuen, weil sie versprechen, nicht ungerecht zu strafen. Es handelt sich dabei um die Praktiken des *classroom management*, der *Streitschlichtung* und des *Trainingsraums*. Allen diesen Praktiken kann jedoch nachgewiesen werden, dass sie keineswegs ohne Strafe auskommen oder auch nur das Problem ‚gerecht' behandeln. Vielmehr entfernen sie das ‚Problem' der Störung aus dem Klassenraum oder lassen dieses – im Falle des *classroom management* – gar nicht erst entstehen. Ihr Ziel ist, Widerständigkeit einzuebnen, nicht aber, einen sinnvollen Umgang mit Strafe innerhalb der Schule zu finden (3.1).

Im einem weiteren Schritt werden die Legitimationen und Reflexionen bezüglich Strafe, die von Lehrpersonen vorgebracht werden, genauer untersucht. Mit Sophia Richter lässt sich dabei aufzeigen, dass Lehrpersonen in ihrer Praxis unterschiedliche Ansätze verfolgen, um ihren Umgang mit Strafe zu legitimieren. Ihnen gemeinsam ist – bis auf wenige Ausnahmen – die Delegation der Straflegitimation an andere Instanzen, etwa die Eltern oder Sozialarbeiter.[12] Auch hier liegt kein adäquater Umgang mit dem Problem des Strafens vor, dieses wird vielmehr aus der eigenen Verantwortung gegeben und in die Hände anderer gelegt (3.2).

Das abschließende Kapitel formuliert Desiderata für die blinden Stellen, die Theorie, Praxis und Forschung in Bezug auf die pädagogische Strafe aufzeigen. Dabei stehen diese drei Bereiche keineswegs unvermittelt nebeneinander. Vielmehr kann angenommen werden, dass die Tabuisierung im Bereich der Theorie einen Einfluss auf die Verdrängung und Delegation der Strafe in der Praxis hat. Auch die Forschung, die gewissermaßen ein Bindeglied von Theorie und Praxis darstellt, ermöglicht aktuell kaum eine kritische Beschreibung der Strafpraxis oder den Entwurf einer Theorie pädagogischen Strafens. Diesen Problemen soll mit einigen Vorschlägen und Forschungsideen Abhilfe geschaffen werden (4.).

Beim Verfassen wie bei der Lektüre der vorliegenden Arbeit lässt sich eine Schwierigkeit nicht übersehen: Eine Trennung von Theorie, Forschung und Praxis, wie sie zum Zwecke der Analyse an dieser Stelle vorgenommen werden muss, ist in der Realität nicht durchzuhalten. Dies wird an einigen Stellen des Textes erkennbar, etwa dort, wo die Tabuisierung der Strafe durch die pädagogische Theorie sich in dem Dilemma der Lehrpersonen niederschlägt, nicht über Strafe sprechen zu können oder die Verantwortung für disziplinierendes Verhalten von sich weisen zu müssen. Es muss an dieser Stelle deshalb deutlich gemacht werden, dass die drei Ebenen der Untersuchung nur zum Zwecke der Klarheit und der besseren Abstraktionsmöglichkeit hier trennscharf nebeneinander gestellt werden; es ist hoffentlich vor allem im vierten Kapitel gelungen, die Bezüge der miteinander verzahnten Disziplinen herzustellen und so aufzuzeigen, dass Theorie, Forschung und Praxis einander nicht unberührt lassen können und dürfen, sondern immer aufeinander einwirken und zugleich aufeinander angewiesen sind.

---

12 Vgl. Richter, S. (2019). *Pädagogische Strafen in der Schule. Eine ethnographische Collage.* Weinheim: Beltz Juventa.

Bei der pädagogischen Strafe handelt es sich um ein Phänomen, das so komplex ist wie ihre Erscheinungsformen. Auch aufgrund des ständigen Wandels dieses Phänomens ist es schwierig, eine Definition von Strafe geben zu wollen. In der vorliegenden Arbeit werden unter diesem Begriff auch Synonyme wie Disziplinierung und Autorität mitverhandelt, die eine gemeinsame Schnittmenge mit dem Strafbegriff aufweisen. Das Phänomen der Strafe zu definieren, hieße, von seinen realen Erscheinungsformen zu abstrahieren und einige derselben willkürlich von der Analyse abzuschneiden. Ein Begriff der Strafe aber ergibt sich nur in der Betrachtung von Konstellationen, in denen der immanente Widerspruch unterschiedlicher Erscheinungsformen von Strafe zum Ausdruck kommt. Gerade weil der Begriff der Strafe in den unterschiedlichsten Gewändern auftaucht und heute beispielsweise mit dem Begriff der *Disziplinierung* teilweise synonym verwendet wird, wird in dieser Studie auf eine Definition des Begriffs verzichtet, um diese fließenden Übergänge sichtbar zu machen.[13]

Diese Arbeit bleibt unvollständig, weil sie nicht alles vorliegende Material auswerten kann, sondern sich auf die wichtigsten Theorie- und Forschungsarbeiten beschränken muss. Neben einem Forschungsansatz nach Foucault existieren – wenn auch in geringem Maße – auch andere Ansätze, die etwa mit Judith Butlers Leib- oder Axel Honneths Anerkennungsbegriff arbeiten. Ebenso ist eine Fülle an anekdotischem Material, Lehrbüchern, Ratgebern und Zeugnissen aus Kunst und Kultur wie Filmen und Gemälden auffindbar, die ebenfalls zur Erforschung des Strafkomplexes beitragen kön-

13 Eine begriffstheoretische Untersuchung des Strafbegriffs im Kontext der Pädagogik/Erziehungswissenschaft wäre eine fruchtbare Aufgabe. So erscheint es zweifelhaft, ob klassische Straftheorien in der Pädagogik überhaupt Anwendung finden können. Historisch steht dieser Begriff bereits von Anbeginn in Zusammenhang entweder mit dem Konzept der Rache oder des Rechts, er entspringt nicht der Beschäftigung mit Pädagogik. Absolute Straftheorien betonen das Moment der Vergeltung, das pädagogisch nicht fruchtbar gemacht werden kann. Relative Straftheorien, die sich in positive bzw. negative General- oder Spezielpräventionstheorien unterscheiden lassen, gehen insofern am Pädagogischen vorbei, als sich die Generalprävention nicht auf das Individuum bezieht und somit keine erzieherische Aufgabe ist. Negative Straftheorien beruhen zudem nicht auf einer Einsicht des Täters in die Falschheit seiner Tat, da sie allein die Abschreckung vor zukünftigen Straftaten betrachten. Die positive Individualprävention wiederum zielt auf eine Rehabilitation des Täters, die pädagogisch deshalb fragwürdig scheint, weil von einer vollständigen Eingliederung des Kindes in die Gesellschaft noch gar nicht die Rede sein kann – es geht zunächst um das Mündigwerden des Kindes, das allein die Voraussetzung für eine mögliche *Re*-Habilitation bildet. Darüber hinaus wäre es ebenso lohnenswert, eine begriffliche Bestimmung der Überschneidungen und Differenzen von Strafe, Disziplin und Zwang vorzunehmen, die in der vorliegenden Arbeit gerade aufgrund eines Mangels solcher Begriffsbestimmungen teilweise synonym verwendet werden.

nen. Die hier behandelten Ansätze und Studien sind jedoch nicht nur die wirkmächtigsten, sondern sie stehen *pars pro toto* für die Gesamtheit der Materialien. Ihre Betrachtung kann die Ergebnisse dieser Arbeit wesentlich ergänzen, vielleicht sogar erweitern – die Ergebnisse selbst bleiben von einer solchen jedoch unberührt.

1. Theoretische Tabuisierung: Das Verschwinden der Strafe aus der wissenschaftlichen Pädagogik

Ausgangspunkt dieser Arbeit ist die Frage, wie der Themenkomplex der Strafe aus der pädagogischen Theorie im deutschsprachigen Raum verschwinden konnte, während diese im pädagogischen Alltag allgegenwärtig zu sein scheint. Nimmt man die Erfahrungen der pädagogischen Praxis ernst, die jedes Individuum in der institutionalisierten Form der Schule in der ein oder anderen Ausprägung macht, ist dieses Verschwinden keinesfalls selbstverständlich. Umso erstaunlicher ist dieser Vorgang angesichts der Tatsache, dass kaum ein klassisches pädagogisches Werk ohne die Reflexion der Legitimation pädagogischen Strafens auskommt. Die Beantwortung der Frage ist keineswegs allein von deskriptiv-historischem Interesse, wenngleich die Nachzeichnung der historischen Entwicklung der Debatte bereits an sich aufschlussreich ist. Den Prozess des Verschwindens – der, wie gezeigt werden soll, besser als Tabuisierung bezeichnet ist – nachzuzeichnen, ist jedoch aus mehreren Gründen notwendig. Erstens ermöglicht eine grobe Skizzierung des Debattenverlaufs von klassischen Werken der Pädagogik seit der Aufklärung über die Kritik der pädagogischen Strafe in der antiautoritären Pädagogik der 1960er und 1970er Jahre bis hin zum weitestgehenden Verschwinden der Strafe aus der wissenschaftlichen Literatur heute die Darstellung unterschiedlicher Interpretationen der Notwendigkeit von Strafe im pädagogischen Kontext, der immer auch ein gesellschaftlicher Kontext ist. Es lassen sich also unterschiedliche Ansätze beschreiben, die der Strafe eine pädagogische Legitimation verschaffen oder absprechen sollten. Diese zu reflektieren, hilft dabei, nicht hinter bereits geführte Debatten und gewonnene Erkenntnisse zurückzufallen. Zweitens ermöglicht der historische Zugang die konkrete Beschreibung der Lücke, die seit dem Verschwinden der Strafe aus der wissenschaftlichen Pädagogik zwischen pädagogischer Theorie und Praxis klafft. Eine solche Beschreibung ist notwendig, um überhaupt dazu überleiten zu können, wie pädagogisches Strafen aktuell wissenschaftlich reflektiert und untersucht wird. Drittens ist trotz der Differenzen zwischen den unterschiedlichen historischen Ansätzen (Reflexion der Strafe, Kritik der Strafe, Tabuisierung der Strafe) eine gemeinsame Kontinuität auffindbar, die herausgestellt werden soll: All diesen Beschreibungsformen gelingt es nämlich nicht, pädagogische Strafe als solche zu erfassen und für ihre Abschaffung einzutreten – selbst in den radikalsten Formen der antiautoritären Pädagogik kann diese nicht für eine radikale Kritik der Strafe eintreten, sondern nurmehr dafür sorgen, Strafe als das Unpädagogische zu markieren und so lediglich sprachlich aus der pädagogischen Praxis zu verbannen – mit dem Effekt, dass diese in anderer Form zurückkehrt oder aber als unpädagogische soziale Praxis verstetigt wird.

1.1 Drei Modelle der Legitimation von Strafe im Verhältnis von Allgemeinem und Besonderem (bis 1970)

Bereits seit Anbeginn der modernen Pädagogik stellte sich die Frage nach der Legitimation von Strafe. Diese steht, wie Kant in seiner eingangs zitierten Frage aufzeigte, immer bereits vor jeder Praxis im Widerspruch zu einer zu realisierenden Freiheit und Selbsttätigkeit des Kindes bzw. Zöglings. Das Verhältnis von Strafe und Freiheit ist damit der pädagogische Ausdruck der klassisch-philosophischen Frage nach der Vermittlung von Besonderem und Allgemeinem. Sie spiegelt die Frage, wie der Einzelne sich als Besonderer mit seinen Bedürfnissen und Interessen zum gesellschaftlich Allgemeinen mit seinen Regeln und Strukturen verhält im pädagogischen Verhältnis von Zögling und Erzieher, und damit unter den besonderen Umständen dieses Verhältnisses wider.[14] Entsprechend unterscheiden sich die (De-)Legitimationen von Strafe über die Jahrzehnte und Jahrhunderte hinweg deutlich in Abhängigkeit von der jeweils gesellschaftlich akzeptierten bzw. idealtypischen oder geforderten Bestimmung des Verhältnisses von Allgemeinem und Besonderem. Dies kann exemplarisch anhand dreier Beispiele gezeigt werden: August Hermann Francke, Jean-Jacques Rousseau und Georg Wilhelm Friedrich Hegel vertreten je unterschiedliche Auffassungen bezüglich der Legitimation und der praktischen Durchführung von Strafe, die jeweils eng an ihre Vorstellung des idealen Verhältnisses von der Besonderheit des Zöglings und Anpassung an das gesellschaftliche Allgemeine gekoppelt sind.

In seiner *Instruction für die Praeceptores, was sie bei der Disciplin wohl zu beobachten*[15] (1713) geht August Hermann Francke von einem pietisti-

14 Diese besonderen Umstände sind dabei weniger abhängig von dem Verhältnis *zwischen Zögling und Erzieher*, davon also, ob dieses also ein autoritatives oder partnerschaftliches Verhältnis ist, sondern sie betreffen vielmehr den Unterschied der pädagogischen Beziehung von der gesellschaftlichen. Die pädagogische Beziehung ist dabei idealerweise vermittelt über einen Gegenstand der pädagogischen Behandlung mit dem Ziel eines ein- oder beidseitigen Erkenntnisgewinns, während die gesellschaftliche Beziehung ganz anders vermittelt ist (etwa über den Markt, familiäre Beziehungen o.ä.), sodass hier differierende Verhaltensweisen zu Tage treten.

15 Vgl. Francke, A. H. (1854). Instruction für die Praeceptores, was sie bey der Disciplin wohl zu beobachten [1713]. *Nachricht über das Königliche Pädagogium zu Halle (19)*, S. 29–37.

schen und damit sündenfallzentrierten Menschenbild aus. Das Allgemeine stellt hier noch nicht das weltlich-säkulare, sondern das göttliche Gesetz dar. Entsprechend hat Erziehung für Francke die vordringliche Aufgabe, die Erbsünde so gut als möglich zu bereinigen. Die Körperstrafe soll dabei als Mittel zur Brechung des individuellen Willens dienen, um zu Gott hin- und eine Unterordnung unter dessen Gesetze herbeizuführen. Francke schreibt: „Christliche Zucht und Bestrafung der Boßheit an den Kindern ist in den Schulen notwendig, und von Gott in seinem Wort auch ernstlich anbefohlen.“[16] Zugleich war für Francke die Strafe im pädagogischen Kontext jedoch nicht unproblematisch. Im Gegenteil beklagte er gerade einen Mangel an „christliche[m] Sanftmuth“ und forderte einen „Geist der Liebe“ anstelle von „scharfe[r] äußerlicher Zucht“[17]. In der Instruction gibt er deshalb ganze 63 Artikel und Regeln vor, die das ‚korrekte‘ Strafen bis ins Detail sicherstellen sollen. So soll der Lehrer unter anderem nicht im Affekt und nicht „mürrisch“ oder „unfreundlich“, sondern „als ein Vater liebreich“[18] strafen, nur nach mündlicher Ermahnung schlagen, jüngere Kinder wegen ihrer ‚dünneren Haut‘ sachte, ältere aber stärker schlagen und die Schläge allein mit der für diesen Zweck vorgesehenen Rute verabreichen.[19] Dass bereits Francke die Vermittlung von Pädagogik und Strafe suchte, zeigen die Mühen, die er sich mit einer solch detaillierten Reglung machte:

> „Auch soll kein Kind mit den Armen hin und her gerißen werden, bey den Haaren geraufet, noch ihnen mit dem Stecken Knippen auf die Finger, oder Schläge in die Hände gegeben werden. Hand-Schmitze aber mit der Ruthen geben, oder sonderlich die größern Kinder mit einem Stecken auf den Rücken schlagen, wenn es väterlich und nicht im fleischlichen Zorn geschieht, ist nicht verboten. Jedoch muß man mit dem Stecken nicht auf die Arme schlagen, noch die Ruthe auf die Hände so geben, daß die Kinder Schmielen oder ausgelassene Hände und Arme mit nach Hause bringen, als welches bey den Eltern, die es nicht wohl tragen können, nur Zorn und Lästerung verursacht“[20]

Franckes Ausführungen von 1713 mögen uns aus heutiger Perspektive albern und umständlich erscheinen, zeigen aber gleich zweierlei: Erstens zeugt die bis ins kleinste Detail gehende Differenzierung adäquater und inadäquater Methoden von der Unsicherheit, die aus dem Widerspruch der

---

16 Ebd., S. 29.
17 Ebd., S. 29.
18 Ebd.
19 Vgl. ebd., S. 30–36.
20 Ebd., S. 33.

pädagogischen Zugewandtheit zum Zögling mit dem Erziehungsziel gesellschaftlich normierter, hier christlich-frommer Menschen resultiert. Zweitens lässt sich an Franckes Auseinandersetzung gut ablesen, was für alle Auseinandersetzungen mit dem Verhältnis von Pädagogik und Strafe gilt: sie sind gesellschaftlich und normativ vorkonnotiert; allein aus Franckes Idealbild des durch die Erbsünde belasteten Christen resultieren die von ihm getroffenen Bestimmungen zu dessen körperlicher Züchtigung.

Einem solchen Verständnis der erzwungenen Unterordnung des besonderen Kindes unter den allgemeinen göttlichen Willen infolge der schlechten, weil sündenbelasteten Natur des Kindes wird in der pädagogischen Literatur oftmals Jean-Jacques Rousseaus Strafauffassung in dessen Erziehungsroman *Emile oder Über die Erziehung* (1762) gegenübergestellt. Hier herrscht bekanntlich eine anthropologische Annahme vor, die derjenigen Franckes diametral gegenübersteht: „Alles, was aus den Händen des Schöpfers kommt, ist gut; alles entartet unter den Händen des Menschen.“[21] Für Rousseau ist das Kind folglich nicht von Natur aus verdorben und muss korrigiert, d.h. den Gesetzen untergeordnet werden; vielmehr bestehe die Aufgabe der Erziehung *negativ* in der Abschirmung des Kindes vor schlechten Einflüssen der Gesellschaft und in der Entwicklung der natürlichen Anlagen:

> „Die erste Erziehung muß also rein negativ sein. Sie besteht keineswegs darin, Tugend und Wahrheit zu lehren, sondern darin, das Herz vor dem Laster und den Geist vor dem Irrtum zu bewahren. […] Wenn man aus einem Kind kein Kind, sondern einen Gelehrten machen will, können Väter und Lehrer nicht früh genug anfangen, es zu schelten, zu verbessern, zu maßregeln, ihm schön zu tun oder zu drohen, ihm Versprechungen zu machen, es zu belehren und ihm Vernunft zu predigen. Macht ihr es besser, seid selbst vernünftig, aber verlangt es nicht von eurem Zögling, vor allem zwingt ihm gegen seinen Willen keine Zustimmung ab.“[22]

Die negative Erziehung Rousseaus räumt folglich im Vergleich zu Francke dem Besonderen – den Anlagen des Kindes – einen Vorrang gegenüber dem Allgemeinen – der verderblichen Gesellschaft – ein. Nur folgerichtig ist es deshalb, dass der Erzieher Jean-Jacques seinen Zögling Emile aus der Pariser Gesellschaft herausnimmt und ihn auf dem Lande aufwachsen lässt,

21 Rousseau, J.-J. (2019). *Emile oder Über die Erziehung*. Herausgegeben von Martin Rang. Stuttgart: Reclam, S. 107.

22 Ebd., S. 117.

wo allein der Erzieher seine Bezugsperson darstellt. Somit erlangt der Erzieher die volle Kontrolle über die Umstände des Zöglings, sodass er Lernarrangements nach dessen Interessen und Anlagen konstruieren und ihn vor gesellschaftlichen Verhaltensnormen schützen kann. Jedoch stellt diese Betonung des Besonderen gegenüber dem Allgemeinen eine einseitige Auslegung des Emile dar. Zwar ist davon auszugehen, dass Rousseau in seinem Erziehungsroman das Eigenrecht des Kindes auf eine eigene Lebensphase der Kindheit durchaus stärker betonte, als es zu seiner Zeit noch üblich war; jedoch geht es ihm keineswegs darum, Emiles Individualität über dessen produktive Integration in die Gesellschaft zu stellen. Vielmehr erkennt Rousseau in der Eigenständigkeit der Kindheit das Moment der Perfektibilität (*perfectibilité*). Dieses bezeichnet die Idee, dass der Mensch nicht bereits von Natur aus vernünftig ist, sondern lediglich eine Anlage zur Vernunft in sich trägt, die es zunächst noch zu entwickeln gilt. Entsprechend könne das Kind in seinen ersten Lebensjahren nicht durch die Mittel der Vernunft, also durch die Vermittlung von Begriffen, erzogen werden, da es noch außerstande sei, sich von diesen abstrakten Begriffen ein Bild zu machen. Die erste Möglichkeit des Kindes zur Erfahrung liege vielmehr in dessen *Sinnlichkeit*. Durch die Schulung im sinnlichen Erleben sei das Kind nach und nach dazu in der Lage, die einzelnen sinnlichen Erfahrungen zueinander in Beziehung zu setzen und so mit der Zeit zur Abstraktion fortzuschreiten, die ihm die Begriffsbildung erlaubt. Eine solche Erziehung kann jedoch nicht in einem luftleeren pädagogischen Raum stattfinden, sondern benötigt ein Konstruktionsprinzip. Dieses bezeichnet Rousseau mit dem Begriff der „kluggeregelten“[23] Freiheit. Was diese Freiheit konkret ausmacht liegt weder allein in der Willkür des Erziehers noch in den Konventionen, mit denen die Gesellschaft an die zu erziehende Generation herantritt. Vielmehr handelt es sich dabei um eine nach Prinzipien der Vernunft eingerichtete Welt, in der die Prinzipien der Natur, der Dinge und der Menschen in einem harmonischen Einklang stehen. Rousseau verzichtet dabei im Emile auf eine konkrete inhaltliche Füllung dieses Begriffs, sodass offenbleiben muss, was die kluggeregelte Freiheit konkret ausmacht.[24] Nachdem Emile also von seinem Erzieher Jean-Jacques unter Einbeziehung seiner Individualität im Rahmen der kluggeregelten Freiheit erzogen worden ist, wird er im Erwachsenenalter inzwischen in seiner Persönlichkeit und seinem Wis-

23 Ebd., S. 114.

24 Für eine ausführliche Darstellung des Begriffs der Perfektibilität und seiner Implikationen bei Rousseau vgl. Reitemeyer, U. (2013). *Perfektibilität gegen Perfektion. Rousseaus Theorie gesellschaftlicher Praxis*. 2. Auflage. Berlin, Münster: LIT-Verlag.

sen gefestigt, in die Gesellschaft entlassen und mit deren Umgangsformen bekannt gemacht:

> „Emile ist nicht dazu geschaffen, immer einsam zu leben; da er ein Mitglied der Gesellschaft ist, hat er auch deren Pflichten zu erfüllen. Geschaffen, mit den Menschen zu leben, muß er sie kennenlernen. […] Es ist an der Zeit, ihm das Äußere dieses großen Theaters zu zeigen, dessen geheime Spiele er alle schon kennt. Er wird sie nicht mehr mit der blöden Bewunderung eines jungen, gedankenlosen Menschen betrachten, sondern mit dem Unterscheidungsvermögen eines geraden und scharfen Geistes."[25]

Doch auch Rousseaus Konstruktionsprinzip der Erziehung in kluggeregelter Freiheit kommt bei aller Berücksichtigung der Besonderheit des Zöglings nicht ohne Strafe, Zucht und Gehorsam aus. So birgt die Isolation des Zöglings in der idealtypischen Robinsonade – wenn auch zum vermeintlich guten Zweck – ein in gesellschaftlichen Zusammenhängen kaum zu verwirklichendes Machtgefälle, das dem Erzieher die absolute Herrschaft über den Zögling ermöglicht:

> „Ihr könnt euch nicht vorstellen, wie Emile mit zwanzig Jahren fügsam sein kann. […] Ich habe fünfzehn Jahre Arbeit gebraucht, um mir diese Gewalt zu sichern. Damals erzog ich ihn nicht, ich bereitete ihn auf die Erziehung vor. Jetzt ist er lange genug erzogen worden, um fügsam zu sein; er erkennt die Stimme der Freundschaft und weiß der Vernunft zu gehorchen. Zwar lasse ich ihn in dem Glauben, unabhängig zu sein, niemals aber war er mir mehr unterworfen."[26]

Auch wenn Jean-Jacques die Einwilligung Emiles in das Erziehungsverhältnis aufgrund der Anerkennung seines freundschaftlichen Willens fordert, ist ihm doch durchaus bewusst, welche Macht er über seinen Zögling hat. Im Gegensatz zu Francke spricht sich Rousseau zwar vollständig gegen die Körperstrafe aus, da sie auch die körperliche Entwicklung des Kindes zu beeinträchtigen vermöge. Gemäß der negativen, natürlichen Erziehung sollten auch die Strafen, die das Kind erleidet, natürliche Strafen sein. Mit der natürlichen Strafe bezeichnet Rousseau eine Strafe, die nicht aus der „Laune des Menschen", sondern aus dem „Joch der Notwendigkeit"[27] entstammt. Der Erzieher dürfe folglich nicht willkürlich strafen, sondern eine

25 Ebd., S. 568.
26 Ebd., S. 578.
27 Ebd., S. 112.

Strafe resultiere logisch-konsequent aus den Handlungen des Zöglings und befinde sich somit in diesem natürlichen, sinnlich erfahrbaren Sachzwang im Bereich der kluggeregelten Freiheit. Rousseau führt hier mehrere Beispiele an: So soll Emile etwa den Eigentumsbegriff anhand eines eigenen Gartens erlernen. Jean-Jacques arrangiert dies so, dass nach einigen Wochen des Gärtnerns die von Emile bereits geliebten eigenen Bohnen plötzlich zerstört wurden. Emile erfährt, dass die Bohnen auf dem Eigentum eines Gärtners angepflanzt wurden, ohne dessen Erlaubnis einzuholen. Die ‚natürliche' Konsequenz aus der Nichtachtung fremden Eigentums ist die Zerstörung des unrechtmäßig angeeigneten Bodens – so die Lektion für Emile, der hierdurch die Begriffe Eigentum, Vertrag und Recht in jungen Jahren erfahren soll.[28] Auch aus eigenen Fehlhandlungen soll allein die ‚natürliche', d. h. logisch konsequente Strafe resultieren:

> „Zerbricht es [das Kind, S.G.] die Fensterscheiben in seinem Zimmer – laßt ihm Tag und Nacht den Wind um die Nase wehn und kümmert euch nicht um seine Erkältung, denn es ist besser, es hat einen Schnupfen, als daß es den Verstand verliert. Beklagt euch nie über die Ungelegenheiten, die es euch bereitet, sondern laßt sie es zuerst am eigenen Leibe fühlen. [...] Zerbricht es sie wieder, wendet ihr eine andere Methode an. Sagt ihm in knappen Worten, aber ohne Zorn: Die Fenster gehören mir, ich habe dafür gesorgt, daß sie da sind, und will, daß sie ganz bleiben. Dann schließt ihr es in einen dunklen, fensterlosen Raum ein. [...] Endlich, nachdem das Kind mehrere Stunden so verbracht und Zeit genug gehabt hat, sich zu langweilen und es nie wieder zu vergessen, schlägt ihm jemand vor, einen Vergleich mit euch abzuschließen: Ihr werdet ihm seine Freiheit wiedergeben, wenn es nie mehr Fensterscheiben zerbrechen wird. [...] Welchen Begriff, glaubt ihr, wird es sich durch dieses Verfahren von der Heilighaltung der Versprechen und ihrem Nutzen machen? Ich müßte mich sehr täuschen, wenn ein einziges unverdorbenes Kind auf Erden einer solchen Behandlung widerstehen und vorsätzlich weitere Fensterscheiben zerbrechen würde."[29]

Rousseaus negative und natürliche Erziehung schützt das Kind folglich bei allem Einbezug der Perfektibilität, die sich gerade in der sinnlichen Erfahrbarkeit der Strafe niederschlägt, nicht vor rigorosen und teils brutalen Strafen.[30] Auch wenn Jean-Jacques seinen Emile vor gesellschaftlichen Zurich-

---

28 Vgl. ebd., S. 125ff.

29 Ebd., S. 129ff.

30 Dieses Urteil unterscheidet sich offensichtlich von demjenigen, das Ursula Reitemeyer in ihrem Vorwort zu diesem Buch trifft. Wenngleich ich mit ihr darin

tungen schützen und seine besonderen Anlagen und Interessen fördern möchte, gelingt es ihm innerhalb seiner letztlich doch bürgerlichen Erziehungstheorie[31] nicht, von allen gesellschaftlichen Gepflogenheiten abzusehen. Gerade der Schutz des Eigentums und die Freiheit des Vertrags sind in den angeführten Beispielen gesellschaftliche Normen, die Rousseau – analog seiner politischen Theorie – für notwendig hält und die von ihm deshalb nicht unter den Schutzraum der Erziehung fallen. So schleicht sich hier über die wohlgeordnete Freiheit das Allgemeine in Form von Strafpraktiken, die der Erzieher unter Ausnutzung seiner Macht auch noch willentlich herbeigeführt hat, in die das Besondere durchaus berücksichtigende Erziehung ein. Der fundamentale Unterschied zu Franckes Primat des Allgemeinen vor dem Besonderen ist hierbei dennoch erkennbar.[32]

Georg Wilhelm Friedrich Hegel schließlich versucht eine andere Art der Vermittlung zwischen dem Besonderen und dem Allgemeinen in der Erziehung, und auch er kann auf das Mittel der Strafe nicht verzichten. Hegel unterscheidet dabei in den *Grundlinien der Philosophie des Rechts* (1820) wesentlich die Sphäre der Familie als dem Bereich der Erziehung von der Sphäre der bürgerlichen Gesellschaft als dem Bereich der Bildung, die beide in der Sphäre des Staates aufgehoben und vermittelt werden. Alle drei Bereiche bilden in ihrer Vermittlung den Komplex der *Sittlichkeit*, deren Begriff das Verhältnis von Besonderem und Allgemeinem bildet. In der Fami-

---

übereinstimme, dass Rousseaus Theorie der negativen Erziehung prinzipiell ohne willkürliche Strafen auskommt, unterscheidet sich meine Position von ihrer doch dahingehend, dass Rousseau gerade mit dem Fensterbeispiel seine eigene Theorie der negativen Erziehung unterminiert. Im Gegensatz zum Urteil der Herausgeberin muss das Fensterbeispiel gerade als eine Naturalisierung von Strafe angesehen werden, insofern Rousseau hier ein naturalistischer Fehlschluss unterläuft: Nur weil die Konsequenz eines zerbrochenen Fensters die hereinströmende Kälte ist, entbindet dies den Pädagogen – in diesem Falle Jean-Jacques – nicht von seiner pädagogischen Pflicht, Schaden vom Kinde abzuwenden. Insofern Jean-Jacques darüber entscheidet, das zerstörte Fenster nicht umgehend zu ersetzen, ist es nur mittelbar die Natur, die hier straft. Diese Argumentation habe ich bereits ausführlicher entwickelt, vgl. Gräber, S. (2022). Das *Joch der Notwendigkeit*. Eine Heuristik zum Umgang mit dem Paradox pädagogischer Strafe. In: Korneli, K. et al. (Hrsg), *Hinter_Fragen der Erziehungswissenschaft. Perspektiven auf Pädagogik, Wissenschaft und Gesellschaft*. Leverkusen: Barbara Budrich. S. 22–31.

31 Vgl. Tröhler, D. (1999). Rousseaus Problem von Mensch- oder Bürgerbildung und die pädagogische Implikation in Pestalozzis „Nachforschungen". In ders. (Hrsg.), *Pestalozzis „Nachforschungen" II: kontextuelle Studien: Tagungsakten des interdisziplinären Kolloquiums am Pestalozzianum im April 1998*. Bern: Haupt-Verlag, S. 121–160.

32 Damit ist keineswegs gesagt, dass Rousseaus Erziehungstheorie vollständig zu verwerfen wäre. Dieser betont vielmehr selbst, dass „meine Methode […] von meinen Beispielenunabhängig" sei (ebd., S. 310).

lie soll die Sittlichkeit im Kinde als Empfindung hervorgerufen werden, da es Hegel zufolge noch nicht zu einer dieser gegenüberstehenden selbständigen Einsicht in die sittliche Notwendigkeit in der Lage ist. Das Mittel der Erziehung in der Familie ist deshalb die *Zucht* in Form des Rechts „der Eltern über die *Willkür* der Kinder durch den Zweck, sie in Zucht zu halten und zu erziehen“[33]. Zwar sei das Kind ein eigenständiges Wesen und dürfe deshalb kein Sklave der Familie sein, jedoch sei es zugleich Sinn der Erziehung, „den Eigenwillen des Kindes zu brechen, damit das bloß Sinnliche und Natürliche ausgereutet werde“[34]. Dieser Zucht steht die Liebe gegenüber – Gehorsam und Liebe gelten Hegel als die beiden Seiten des sittlichen Allgemeinen in der Familie, welche das Kind jeweils erfahren muss, um weder verhätschelt noch versklavt zu werden. Mit dem Verlassen der Familie tritt das Kind bzw. der junge Erwachsene in die bürgerliche Gesellschaft ein, in der es ein eigenständiges Glied darstellt. Mit seinen eigenen Bedürfnissen tritt es als Besonderes den allgemeinen Gesetzen gegenüber und erfährt die Gesellschaft deshalb als entfremdete. Über den Prozess der Bildung kann das Kind sich in Auseinandersetzung mit der Welt selbige aneignen und die Entfremdung dadurch in sein Wesen zurücknehmen – Ziel der Bildung ist bei Hegel deshalb die Vermittlung des Besonderen mit dem Allgemeinen in Form der Anerkennung und Einsicht der sittlichen Notwendigkeit in Form des Staates, der allein diese beiden entgegengesetzten Ansprüche aufzuheben in der Lage sei. Letztlich gewinnt auch bei Hegel das Allgemeine im Staat einen Vorrang gegenüber dem Besonderen; der Staat aber achtet das Besondere mehr als dies bspw. Franckes Vorstellung von Erziehung als Unterordnung ermöglicht. Denn als Staatsbürger hat der Einzelne eine Gestaltungsmöglichkeit, seine Sittlichkeit hängt nicht von der Unterordnung unter, sondern von der Einsicht in den sittlichen Gehalt des Allgemeinen (und damit vom freiwilligen Verzicht auf das Besondere) ab.

Diese knappe Beschreibung dreier unterschiedlicher Verhältnisse von Besonderem und Allgemeinem stellen zugleich drei idealtypische Formen des Verhältnisses von Freiheit und Strafe in der Erziehung dar, wie sie bis in die 1960er Jahre vertreten wurden. Franckes Ansatz einer autoritären Erziehung steht unter dem Primat des Allgemeinen, dem sich das je Besondere restlos unterzuordnen hat. Strafe dient hierbei als das Mittel dieser Unterordnung. Rousseaus negative Erziehung hingegen erhebt den (nicht

---

33 Hegel, G. W. F. (2015). *Grundlinien der Philosophie des Rechts*. Herausgegeben von Eva Moldenhauer und Karl Markus Michel. Werke, Bd. 7. 14. Auflage. Frankfurt/Main: Suhrkamp, S. 326.

34 Ebd., S. 327.

vollständig eingelösten) Anspruch, das Besondere gegen das Allgemeine in Schutz zu nehmen. Das Primat des Besonderen wird auch in der Eingliederung in die Gesellschaft nicht einfach aufgehoben, sondern es ist die Einsicht in das Besondere, die eine gesellschaftliche Teilhabe ermöglichen soll. Die Strafe ist hier nur als natürliche, d. h. als aus der Natur der Dinge resultierende, nicht als gesellschaftlich auferlegtes Zwangsinstrument zur Einordnung gedacht. Bei Hegel schließlich genießt zumindest bei oberflächlicher Betrachtung keine der beiden Seiten einen Vorrang. So wie das Besondere in gesellschaftlicher Vermittlung mit dem Allgemeinen steht, steht der Strafe durch Zucht die Freiheit der Liebe und der Bildung gegenüber.

Diesen drei idealtypischen Verhältnisbestimmungen lassen sich nahezu alle Strafvorstellungen in der pädagogischen Literatur bis ins zweite Drittel des zwanzigsten Jahrhunderts (und teilweise darüber hinaus) zuordnen. Während Franckes autoritärem Verständnis ein Großteil der Drill- und Paukpädagogik bis hin zu Bernhard Buebs *Lob der Disziplin* (2006) folgt, knüpfen an Jean-Jacques Rousseau bspw. Joachim Heinrich Campe (1788) und – oftmals an einen falschen Naturbegriff anknüpfend – Reformpädagogen jeglicher Couleur von Maria Montessori (Gesamtwerk) bis Ellen Key (1902) an, welche eine weitestgehend straffreie und kindzentrierte Erziehung forderten, die sie bei Rousseau zu finden vermeinen. Hegels vermittelndem Ansatz kann unter anderem sein Zeitgenosse Friedrich Schleiermacher (1820) mit seinem Konzept der *Gegenwirkung* und *Unterstützung* zugeordnet werden, das Natur und Gesellschaft gleichermaßen einzubeziehen trachtet.[35]

Bei allen Unterschieden eint diese Debatten über Strafe jedoch eine Gemeinsamkeit: Sie alle dienen der Legitimation der (erzieherischen oder natürlichen) Strafe als *innerpädagogischem* Problem. Ein Großteil der Abhandlungen bis in die 1970er Jahre hinein beschäftigt sich mit der Frage, welche Strafformen und -praktiken angemessen seien. Heinze und Straube-Heinze (2013) beschreiben beispielsweise unterschiedliche Bewertungen der Prügelstrafe mit Stock und Rute. Diese wurden historisch entweder als *maßvolle Fortsetzung* der Erziehung oder als deren *ultima ratio* beschrieben. Als maßvolle Fortsetzung sei der Einsatz der Rute ein historisch wirksames Mittel von erwiesen hoher Wirksamkeit. Der Schmerz gehe in die Assoziation

35 Vgl. Bueb, B. (2006). *Lob der Disziplin. Eine Streitschrift.* Berlin: List; Campe, J. H. (1788). *Ueber das Zweckmäßige und Unzweckmäßige in den Belohnungen und Strafen.* Wien: Grässer; Key, E. (1902). *Das Jahrhundert des Kindes.* Berlin: Seydel & Cie; Schleiermacher, F. D. E. (2008). *Pädagogik – Die Theorie der Erziehung von 1820/21 in einer Nachschrift.* Herausgegeben von Christiane Ehrhardt und Wolfgang Virmond. Berlin: De Gruyter.

des Kindes über und dieses erlerne Demut gegenüber der Ordnung und dem Erzieher. Die Rute wird dabei als fortschrittliches Mittel begriffen, da sie für pädagogische Zwecke normiert sei und dem Erzieher eine ‚liebende Distanz' gegenüber der Strafe mit den eigenen Händen einzunehmen ermögliche: „Der Stock erscheint dabei als einfach zu handhabendes sowie schnell wirksames und damit unverzichtbares Strafmittel in der Hand des Lehrers."[36] Christian Ludwig Fecht hingegen beschrieb den Stock nicht als leichtfertig einzusetzendes Mittel, sondern als *ultima ratio*. Das Kind dürfe aufgrund seiner Natur nicht einfach geschlagen werden. Gewalt wirke lediglich auf das äußere Verhalten ein und werde so mit der Zeit aufgrund von Abhärtung unwirksam. Sie sei zudem ein Ausdruck der Unprofessionalität der Lehrperson, die keine anderen Mittel einzusetzen wisse. An die Stelle der Strafe solle die Belohnung oder die moralische Strafe der Beschämung treten. Die Rute sei das letzte Mittel und solle – paradoxerweise – nur beim Kleinkind eingesetzt werden, da der Jugendliche gegen solche Strafen bereits immun sei. Die Strafe wird hier als pädagogisches Mittel eingeschränkt, aber nicht gänzlich untersagt: „Die nachdrückliche Ablehnung der körperlichen Züchtigung gilt nicht für diejenigen, die doch am stärksten des Schutzes bedürfen"[37], so Heinze und Straube-Heinze. Eine solche Abstufung der Strafen gemäß dem Kindesalter war sehr üblich und wurde bspw. auch von Friedrich Schleiermacher vertreten. Das Kleinkind benötige diesem zufolge Körperstrafen, da es noch kein Gedächtnis habe und immer nur auf den direkten Reiz reagiere. Nach der Sprachentwicklung werde hingegen die Missbilligung zum Mittel der Wahl und sobald sich das sittliche Gefühl eingestellt habe, solle die Strafe der Einsicht in die Diskrepanz zwischen sittlichem Bewusstsein und unsittlicher Handlung dienen.[38] Sophia Richter beschreibt deshalb treffend, dass die Unterscheidungspunkte in den pädagogischen Abhandlungen willkürliche vs. natürliche Strafen, das Strafen von Beginn an oder erst ab dem späteren Lebenslauf, die Kriterien und Legitimität der Strafformen sowie das angestrebte Erziehungsziel betreffen – sie eint jedoch die prinzipielle Akzeptanz der Strafe als legitimem Mittel des Pädagogischen zur Erreichung der Erziehungsziele: „Es findet sich kaum eine Abhandlung zur Strafe, in der nicht die ‚richtige Anwendung'

36 Heinze, C., & Straube-Heinze, K. (2013). Körperstrafen als Erziehungsmittel? Deutungsmuster im deutschen pädagogischen Diskurs in der ersten Hälfte des 19. Jahrhunderts. *HSE: Social and Education History 2* (1), S. 54.

37 Ebd., S. 55.

38 Vgl. Schleiermacher, F. (2008). *Pädagogik*, S. 174ff.

thematisiert wird und die Erziehenden zur Beachtung dieser mahnend aufgefordert werden.“[39]

1.2 Die antiautoritäre Kritik der Strafe und ihre Tabuisierung (seit 1970)

Diese Legitimationspraxis änderte sich mit dem Einzug der Kritik des Strafens in die wissenschaftliche Pädagogik grundlegend. Zwar hatte es bereits zuvor vereinzelte Bemühungen gegeben, die Strafe als unpädagogische zu charakterisieren und aus der pädagogischen Praxis zu verbannen; so forderte der Pädagoge Heinrich Stephani (1830) bereits früh die vollständige Abkehr vom Strafen. Als Kind sei der Mensch bereits Vernunftwesen und deshalb nicht rein sinnlich zu erziehen. Nur bei einer Rechtsverletzung solle Zwang eingesetzt werden, dann aber – wie beim Erwachsenen auch – nicht durch den Pädagogen oder die Schule, sondern durch das staatliche Recht und seine Gerichtsbarkeit.[40] Stephanis Versuch, die Strafe als unpädagogisch zu kennzeichnen und aus dem Bereich des Pädagogischen zu verbannen, blieb jedoch erfolglos. Ein solches Unterfangen verschaffte sich erst im Zuge der antiautoritären Pädagogik der 1970er Jahre deutlich Gehör, womit eine neue Phase der Behandlung einsetzte: Strafe wurde nun zunehmend zum *un*pädagogischen Mittel erklärt.

In ihrer Dissertation zum Wandel der Strafdebatte im deutschsprachigen Raum beschreibt Sophia Richter eine zunehmende Problematisierung der Strafe seit den 1970er Jahren. Dazu betrachtet sie vor- und überwiegend Lexikonartikel zu diesem Stichpunkt. Dabei fällt auf, dass die frühere Legitimation der Strafe in diesen Artikeln[41] einer Kritik weicht, die von pädagogischen Strafen nurmehr im Tempus der Vergangenheit spricht. Viele Artikel verweisen darauf, dass inzwischen klar sei, welchen Schaden Strafen anzurichten vermögen und dass diese durch pädagogische Mittel zu ersetzen seien. Einen solchen Sprachwandel schreibt Richter dabei den Einflüssen der antiautoritären 68er-Bewegung sowie den Versuchen der Kinderladenbewegung zu, nicht-autoritäre Charaktere zu erziehen. Gerade die wissenschaftliche Psychologie nimmt mit ihren Erkenntnissen in dieser Zeit großen Einfluss auf die Kritik der Strafe sowie die oftmals damit einhergehende Pathologisierung der Kinder, indem sie auf die negativen Folgeerscheinungen

---

39 Richter, S. (2018). *Pädagogisches Strafen*, S. 108.
40 Vgl. Heinze & Straube-Heinze (2013). *Körperstrafe als Erziehungsmittel*, S. 56.
41 Vgl. Richter, S. (2018). *Pädagogisches Strafen*, S. 86–111.

der Strafe verweist. Üblich sei damals die Forderung nach Alternativen zur Strafe gewesen, die als solche aber nicht konkret benannt wurden.[42]

Die Legitimation der pädagogischen Strafe gerät mit diesen Erkenntnissen zunehmend ins Wanken. Es gilt nun keineswegs mehr als ausgemacht, dass Strafe der moralischen oder zumindest oberflächlich wahrnehmbaren ‚Besserung' des Zöglings dient, ja die Kategorie der Besserung gerät selbst unter Verdacht. Der antipsychiatrischen Bewegung und wohl auch dem Wiederaufleben der Psychoanalyse in der Bundesrepublik der 1970er Jahre entstammt nämlich die Einsicht, dass die Strafe nicht die logische Folge eines Fehlverhaltens sein muss, sondern durchaus auch ein Fehlverhalten oder eine Ratlosigkeit des Erziehers darstellen kann: „Während noch bis in die 1960er-Jahre das Fehlverhalten des Zöglings im Fokus der Notwendigkeit von Strafen stand, steht ab den 1970er Jahren zunehmend das mögliche Fehlverhalten des Erziehers durch Strafen im Fokus."[43] Die Debatte verschiebt sich nun zusehends dahin, die Strafe aus der legitimen pädagogischen Praxis auszuschließen. Dabei kristallisiert sich eine Unterscheidung von Disziplin und Besserung heraus. Kreis beschreibt dabei Disziplin als *Bedingung* des Pädagogischen, während Besserung ein *Ziel* der Pädagogik sei. Disziplin bezeichnet bei ihm folglich die Verhaltensweisen, die vom Zögling mitgebracht werden müssen, um Bildung überhaupt zu ermöglichen. Dazu zählen beispielsweise das Stillsitzen, das Zuhören und das Schweigen, aber auch Aufmerksamkeit und Interesse der Lernenden. Besserung hingegen ziele auf das sittliche Verhalten der Lernenden, also auf deren Werte und Einstellungen im Sinne von Tugenden. Zur Herstellung der Disziplin werde Züchtigung, zur Herstellung von Besserung die Strafe angewandt, so Kreis.[44]

Während Kreis mit dieser Trennung von Disziplin und Besserung zumindest erstere als Voraussetzung des Pädagogischen überhaupt noch zu retten versuchte, gerät auch diese zunehmend unter Verdacht. Denn, so die Argumentation, die Wirksamkeit der Disziplinierung sei nach wie vor unklar. Die Disziplinarmaßnahme scheint als Bedingung der Möglichkeit aller Pädagogik notwendig, jedoch steht sie zum Pädagogischen selbst in krassem Widerspruch, da sie auf rein äußere Gewöhnung der Zöglinge abzielt. Die Disziplinierung folgt so nicht der Kindgerechtheit, die sich die Pädagogik spätestens seit Beginn des 20. Jahrhunderts auf die Fahnen geschrieben hatte. Auf dieses durchaus komplexe Problem der Anwendung unpädagogi-

42 Vgl. ebd., S. 111ff.
43 Ebd., S. 123.
44 Vgl. Kreis, H. (1982). Stichwort: Strafe. In U. von der Burg, & H. Kreis (Hrsg.), *Lexikon zur Pädagogik*. Düsseldorf: Bagel, S. 218.

scher Mittel für pädagogische Zwecke antwortete die Pädagogik der 1970er Jahre (und überwiegend bis heute) mit einem Kurzschluss: es kann nicht sein, was nicht sein darf. Richter fasst zusammen, dass Strafen im pädagogischen Raum nun zum Verschwinden gebracht werden, indem eine semantische Trennung zwischen dem Pädagogischen und dem Nichtpädagogischen etabliert wird. Diese Unterscheidung ist nicht neu. Es wurde bereits angedeutet, wie pädagogische und nichtpädagogische Strafen seit Anbeginn der wissenschaftlichen Pädagogik unterschieden wurden. Die Differenz besteht ab den 1970er Jahren aber darin, dass Strafen nun – zumindest oberflächlich – *in toto* dem Nichtpädagogischen zugeschrieben werden.

> „Diese Trennung zwischen dem *Pädagogischen* und dem *Nichtpädagogischen,* wobei Ermessen, Besserung des Willens, personaler Bezug, Leisten in Form von Entschuldung und sittlicher Wirkung dem *Pädagogischen* zugeordnet wird und Dressur, Vergeltung, disziplinierende Züchtigung, Erdulden, sinnliches Leid dem *Nichtpädagogischen* zugeordnet wird, scheint vor dem Hintergrund der [psychologischen, S.G.] Nebeneffekte kaum haltbar zu sein, so dass Strafen (auf der theoretischen Ebene) ausschließlich dem *Nichtpädagogischen* zugeschrieben werden.“[45]

Analog dieser semantischen Entfernung der nichtpädagogischen Strafe aus der pädagogischen Praxis ist in den vergangenen Jahren auch der Begriff der Erziehung in der allgemeinen Pädagogik unter Verdacht geraten. Als Begründung für diesen Verdacht dient dabei die Etymologie des Begriffes der Erziehung, der auf das Ziehen oder Herausziehen zurückgeht und mit dem auch die Begriffe der Zucht und Aufzucht assoziiert werden.[46] Gerade mit letzteren gehen dabei interessanterweise oftmals Konnotationen der Gewalt einher: Ziehen oder Erziehen sowie Zucht gehen dieser Betrachtungsweise zufolge immer mit einem Machtgefälle zwischen Erzieher und Zögling einher, welches der Erzieher zu seinem Zweck gewaltsam auszunutzen in der Lage ist. Sicher handelt es sich dabei nicht allein um eine begriffliche Bestimmung, ist doch Erziehung historisch gesehen theoretisch wie praktisch mit Gewaltakten durchsetzt (wie oben bspw. an Hegel aufgezeigt werden konnte). Dennoch wäre es falsch, jegliche Erziehungspraxis bzw. jegliches Erziehungsziel in Form von „ethische[n] Vorgaben und Kategorien

45 Richter, S. (2018). *Pädagogisches Strafen*, S. 122. Hervorhebungen i. O.

46 Vgl. Bokelmann, H. (1970). Pädagogik: Erziehung, Erziehungswissenschaft. In J. Speck, & G. Wehle (Hrsg.), *Handbuch pädagogischer Grundbegriffe*. München: Kösel, S. 179ff.

[…] kategorisch als Formen der Gewaltausübung“[47] zu (dis-)qualifizieren, wie dies gerade in antiautoritärer Literatur zuweilen geschieht.

Eine solche Deutung der Erziehung als rein gewaltvolle Zucht hin zu normativ festgesetzten Zielen verfehlt nämlich den Gehalt der Pädagogik. Sie versucht, die gewaltvolle Erziehung von der vermeintlich gewaltlosen Bildung abzutrennen, wie sie sich auch in den Versuchen zeigt, den Erzieher durch den Lernbegleiter zu ersetzen. Auch hier klingt die semantische Härte des Er*zieh*ers durch, dem der sanfte Lernbegleiter gegenübergestellt wird. Doch damit sind Erziehung und Bildung doppelt falsch bestimmt, indem sie je einseitig gedeutet und voneinander geschieden werden. Im Erziehungsbegriff steckt nicht nur historisch betrachtet nämlich auch die Ernährung, die Fürsorge und die Liebe (vgl. erneut die Ausführungen zu Hegel), während auch Bildung durchaus gewaltsam herbeigeführt werden kann. Denn Bildungs- und Erziehungsprozesse sind nie als voneinander getrennte denkbar, sondern stets durcheinander vermittelt. Wo sie nicht auf diese Art gedacht werden, gerinnt Bildung zur reinen Wissensanhäufung, während der Erziehung die gesamte Bürde des Ethisch-Normativen aufgeladen wird. Bildung wäre dann per definitionem gewaltfrei, während Erziehung immer gewaltvoll stattfinden müsste. Ist die Gewalt in der Pädagogik erst einmal derartig ausgelagert worden, erübrigt sich der Gedanke einer gewaltfreien Erziehung und Bildung. Dass „ein erstes Bestimmungsmerkmal für Erziehung Gewaltverzicht“[48] ist und Bildung idealiter „nicht als Zwangsveranstaltung organisiert werden [kann], auch nicht als reformierte Zwangsveranstaltung“[49], wird dann undenkbar. Die radikale Trennung der Erziehung von der Bildung schlägt in dieselbe Kerbe wie die Trennung der unpädagogischen Strafe von der pädagogischen Gewaltfreiheit.

Strafen werden somit also zumindest semantisch aus dem Kontext des Pädagogischen verbannt. Sie finden dadurch jedoch ihren Platz im vor- bzw. außerpädagogischen Bereich. Auch der Begriff der Strafe verschwindet damit aus der pädagogischen Literatur. Wo noch notwendig von Strafpraktiken *innerhalb* pädagogischer Kontexte gesprochen wird, wird eher auf die Begriffe der Ordnungsmaßnahme oder der Disziplin gesetzt, wie sie auch

---

47 Drerup, J. (2019): Bildung und das Ethos der Transformation. Anmerkungen zum Verhältnis von Bildungstheorie, Bildungsforschung und Pädagogischer Ethik. *Zeitschrift für Praktische Philosophie 6* (1), S. 70.

48 Reitemeyer-Witt, U. (2005). Diskurs und Dialog in der Pädagogik. In V. Steenblock, E. Martens, & Ch. Gefert (Hrsg): *Philosophie und Bildung. Beiträge zur Philosophiedidaktik.* Münster: Lit, S. 81.

49 Ebd., S. 92.

aus den Schulgesetzen und -ordnungen noch heute bekannt sind.[50] Bereits daran ist erkennbar, dass die Strafe die (pädagogische) Praxis keineswegs verlässt. Sie wird vielmehr in einer anderen Semantik und Struktur in doppelter Weise legitimiert und hält in einer dieser beiden Legitimationsformen erneut Einzug ins Pädagogische.

Die erste Legitimationsform besteht in der generellen Verbannung der Strafe aus dem Pädagogischen. Als nicht-sein-dürfende wird die Strafe zum unpädagogischen Mittel. Dies schließt ihren Gebrauch im nicht- oder vorpädagogischen Rahmen jedoch nicht aus. Wie bereits Kreis zu argumentieren versuchte, hält die Strafe nun Einzug in das Vorfeld der Pädagogik als Bedingung der Möglichkeit derselben. Disziplinierung findet dieser Argumentation zufolge im vorpädagogischen Raum statt. Sie verfolgt hier nicht die pädagogischen Ziele der Sittlichkeit und Selbstreflexion, sondern die außerpädagogischen Zwecke der Gewöhnung. So wird eine semantische Trennung vollzogen, durch die das Strafen als unpädagogisches Mittel dem Anspruch der Pädagogik nicht im Weg steht. Das Strafen wird somit simpel in die Sphäre des *Gesellschaftlichen* verbannt. Hier schreckt man nicht davor zurück, dieselben alten Argumentationsmuster zur Legitimation der Strafe aufzurufen, die auch vor den 1970er Jahren angewandt wurden: „Gesellschaftliches Leben sei [im Gegensatz zum Pädagogischen, S.G.] nicht ohne Strafen möglich“[51], so Richters Urteil, sodass die Disziplinierung geregelt werden müsse, ohne dabei dem Pädagogischen in die Quere zu kommen. Disziplinierung obliegt dann nicht dem pädagogischen Personal, sondern wird etwa in die Sphäre der häuslichen Erziehung oder der Sozialarbeit abgedrängt.

Die praktische Widersprüchlichkeit der semantischen Trennung von Strafe und Disziplin liegt auf der Hand. Einerseits ist es höchst fraglich, die Disziplin rein außerpädagogisch bestimmen zu wollen und an nichtpädagogische Bereiche abzugeben. Wo sollen diese Bereiche realiter liegen? Auch die elterliche Erziehung und die Sozialarbeit sind keine genuin unpädagogischen Sphären, auch in ihnen drängt sich der Widerspruch von Pädagogik und Strafe als unpädagogischem Mittel auf. Dieser besteht in jedem Kontext, der auch ein pädagogischer sein kann und somit erst recht in der pädagogischen Praxis selbst. Denn mit der semantischen Auslagerung der Disziplin an außerpädagogische Akteure ist diese real noch keinesfalls vollzogen. Sie hält allein über ihre Antifaktizität erneut Einzug in pädagogische Institutionen: Gerade Schüler, gleich welchen Alters, sind nicht permanent

50 Vgl. Richter, S. (2018). *Pädagogisches Strafen*, S. 127f.
51 Ebd., S. 125.

so diszipliniert, wie die Schule es zur Voraussetzung macht – für Störungen, Unaufmerksamkeit und subalternes Verhalten gibt es eine unermessliche Anzahl von Gründen. Lehrpersonen müssen sich folglich zwangsläufig in ihrer Praxis erneut dem Widerspruch zwischen ihrem strafenden Handeln und dem unpädagogischen Mittel der Strafe stellen.

Die Diskrepanz zwischen dem theoretischen Ausschluss der Strafe aus der Pädagogik und ihrem praktischen Widerspruch war der Pädagogik der 1970er Jahre durchaus bewusst. So enthalten die von Richter untersuchten Artikel oftmals den Hinweis auf berechtigtes Strafen dort, wo sie unumgänglich sei. Es kommt erneut zur Legitimation der Strafe, jedoch vorwiegend als *ultima ratio* unter bestimmten Umständen. Strafen, bei denen eine Leistung erbracht wird (die so genannten *Auftragsstrafen*), seien sinnvoller als Strafen, bei denen die Bestraften sich rein passiv verhalten (*Erleidensstrafen*). Die Körperstrafe wird nun rundum abgelehnt. Da die Besserung durch Strafe nicht mehr als gesichert gelten kann, soll diese nun höchstens – aber am besten auch dann nicht – als letztes Mittel eingesetzt werden.

Die zweite, sich an die altbekannte Legitimation der Strafe als *ultima ratio* anlehnende, Legitimation der Strafe in den 1970er Jahren holt diese zurück in den Kontext des Pädagogischen. Es handelt sich dabei um eine pragmatische Legitimation, die den Widerspruch von theoretischer Ablehnung der Strafe und praktischer Unmöglichkeit strafloser Pädagogik kitten soll. So schreibt Oswald bezüglich der Theorie-Praxis-Diskrepanz:

> „Nur so scheint es möglich zu sein, den Erzieher in seiner Not nicht im Stich zu lassen, wenn er einerseits als Erzieher ohne Strafe auskommen möchte, andererseits aber immer wieder erfährt, daß es ohne Strafe nicht geht und dann entweder schlechten Gewissens straft oder sein Erziehungswissen zum Schweigen bringt und nur noch pragmatisch straft."[52]

Die Strafkritik der Pädagogik seit den 1970er Jahren hat folglich eine paradoxale Struktur und Wirkung. Sie verweist auf den immanenten Widerspruch der pädagogischen Strafe. Strafen beziehen sich unabhängig von ihrer Anwendung nicht auf pädagogische Ziele und sind – wenn überhaupt – nurmehr dazu in der Lage, oberflächliches Verhalten auf die gewünschte Linie zu bringen. Mit der simplen Verbannung der Strafe als antipädagogischem Mittel aus der Pädagogik hat jedoch eine doppelte Legitimation derselben Einzug gehalten: Einerseits wird sie dem außerpädagogischen

52 Oswald, P. (1973). *Erziehungsmittel. Werkzeuge der Manipulation oder Hilfen zur Emanzipation?* Henns pädagogische Taschenbücher, Bd. 46. Ratingen: Henn, S. 125.

Bereich zugeschoben und in diesem manifestiert sowie naturalisiert (‚Gesellschaft ohne Strafe ist unmöglich'), andererseits schreibt sie sich aufgrund der praktischen Verquickung von Disziplinierung, Strafe, Erziehung und Bildung auch innerhalb der Pädagogik weiter fort, sodass sie hier erneut als *ultima ratio* legitimiert wird. Der Strafkritik ist es folglich nicht gelungen, die Ursachen und Verstrickungen des Widerspruchs von Strafe und Pädagogik aufzudecken und zu beheben, sondern sie hat diesen Widerspruch auf Dauer gestellt und überbrückt: Da Undiszipliniertheit in der Gesellschaft nicht totzukriegen sei, halte sie auch in die Pädagogik Einzug und müsse dort bekämpft werden – bei gleichzeitiger moralischer Entlastung der eigenen Professionalität durch die Selbstvergewisserung, dass es sich dabei nicht um pädagogische Mittel handle. Während bis in die 1970er Jahre hinein Strafe als innerpädagogisches Problem behandelt wurde, tendiert die pädagogische Theorie seit diesem Zeitpunkt dazu, Strafe als unpädagogisches Mittel zu charakterisieren und so als pädagogisches Problem zu entsorgen, zugleich aber Strafen praktisch anwenden zu müssen. Diese Ausgangslage der doppelten Legitimation findet die pädagogische Forschung zum Komplex pädagogischen Strafens in den letzten Jahrzehnten vor – in ihr bewegt sie sich, ohne sie grundlegend infrage zu stellen. Vielmehr *be*forscht sie sie deskriptiv mithilfe von Foucaults Kategorien der Genealogie und Gouvernementalität. Diesen widmet sich das folgende Kapitel.

2. Forschende Enthaltsamkeit: Foucaults Forschungsparadigma, die Metaphysik der Macht und ihre Folgen

2.1 Das moderne Forschungsparadigma: Genealogie und Gouvernementalität

2.1.1 Die Genealogie

Michel Foucaults Gesamtwerk stützt sich wesentlich auf das Forschungsparadigma der Genealogie, welches man auch als dessen Methode bezeichnen könnte, auch wenn Foucault selbst sich dieses Begriffs wohl verwehren würde. Bereits in seiner Antrittsvorlesung *Die Ordnung des Diskurses* (1970) bezeichnet Foucault die Genealogie neben der Kritik als eines der „Prinzipien“[53] seiner Analysen. Während die Kritik die „Verknappung, aber auch [die] Umgruppierung und Vereinheitlichung der Diskurse“[54] untersuche, stelle die Genealogie deren historischen Teil dar, der ihre „Entstehung“ in den Blick nehme, „die zugleich zerstreut, diskontinuierlich und geregelt ist.“[55] Unter Genealogie versteht Foucault in Anlehnung an Nietzsche eine andere Form der Geschichtsschreibung, die sich einem teleologischen oder metaphysischen Anspruch von Geschichte entzieht und stattdessen deren Kontingenz in den Blick nimmt. Historische Prozesse laufen Foucault zufolge nicht logisch auf ein Ende der Geschichte zu und werden dabei von großen Handlungen und Ideen bestimmt, sondern sind vielschichtig und komplex. Während Foucault der Ideengeschichte „Unrecht“ unterstellt, „wenn [sie] lineare Genesen beschreibt[,] kann die Genealogie sich nur in Bescheidenheit üben; sie muss die Ereignisse in ihrer Einzigartigkeit und jenseits aller gleich bleibenden Finalität erfassen.“[56] Er wendet sich somit gegen ontologische Begriffe überhaupt: (Transzendental-)Subjekt, Sein, Autonomie und andere klassische Begriffe und Universalien – aber auch die Untersuchungsobjekte Foucaults: Normalität, Krankheit, Wahn, Delinquenz, Sexualität – seien keine überzeitlich konstanten und fixen Begriffe,

---

53 Foucault, M. (1991). *Die Ordnung des Diskurses. Inauguralvorlesung am Collège de France, 2. Dezember 1970*. Frankfurt/Main: Fischer, S. 38.

54 Ebd.

55 Ebd., S. 41.

56 Foucault, M. (2014). Nietzsche, die Genealogie, die Historie [1971]. In ders.: *Schriften in vier Bänden. Dits et Ecrits*. Bd. 2, herausgegeben von Daniel Defert und Francois Ewald unter Mitarbeit von Jacques Lagrange. Frankfurt/Main: Suhrkamp, S. 166.

sondern gesellschaftlich geprägte und entstandene, die eben einem historischen Gewordensein, einer Genealogie unterliegen.

Ebenso wendet sich Foucault mit Nietzsche gegen einen Begriff des Ursprungs, den er von dem der Genealogie abzugrenzen sucht. Die Begriffe und Phänomene besitzen ihm zufolge keine ursprüngliche (im Sinne von ‚reine') Bedeutung, die historisch verfälscht wurde. Sie entstehen vielmehr aus einer Vielzahl von unterschiedlichsten Verhaltens- und Redeweisen (Diskursen), die sich überschneiden und widersprechen, wobei sich ein gewisses Verständnis über einen unbestimmten Zeitraum als hegemoniales durchsetzt, bis es von einem anderen abgelöst wird. Diese Verhaltens- und Redeweisen sind dabei nicht zwangsläufig planvoll und interessengeleitet, sondern sie sind reiner Zufall: „Wie die Vernunft entstanden ist? Natürlich auf ganz und gar ‚vernünftige' Weise, nämlich durch einen Zufall."[57] Der unverfälschte Ursprung von Phänomenen und Begriffen sei reine Fiktion: „Am geschichtlichen Anfang der Dinge stößt man nicht auf die noch unversehrte Identität ihres Ursprungs, sondern auf Unstimmigkeit und Unterschiedlichkeit."[58] Erst mit der Zeit ergäben sich aus diesen Unterschiedlichkeiten in der Interaktion von Individuen Muster und hegemoniale Deutungen, die die Begriffe und Verhaltensweisen ordnen und vereindeutigen. Die Genealogie sucht dieser Vereindeutigung, die zu einem (pseudo-) metaphysischen Begriff führt, ihre Gewordenheit aufzuzeigen: Genealogie

> „kann sich daher niemals auf die Suche nach dem ‚Ursprung' machen und dabei all die Episoden der Geschichte außer Acht lassen [...] sie muss sich vielmehr mit den Einzelheiten und Zufällen der Anfänge auseinandersetzen. [...] Der Genealoge braucht die Historie, um die Schimäre des Ursprungs zu bannen."[59]

Die Genealogie sucht folglich nicht mit großen Pinselstrichen die Geschichte als logisch konsequente Abfolge von historischen Ideen und Ereignissen zu zeichnen, sondern gerade die kleinen, unbedeutend scheinenden Verhaltensweisen und Meinungen in den Blick zu bekommen. Die vermeintlich metaphysischen und geschichtslosen Begriffe – zu denen Foucault auch die Strafe zählt – bezeichnet Foucault als Singularitäten: „[I]n der Analyse jener Positivitäten [der positiv hervorgebrachten Begriffe und Phänomene, S.G.], sind gewissermaßen reine Singularitäten zu erfassen: nicht die Inkarnation einer Wesenheit, nicht die Individualisierung einer

57 Ebd., S. 169.
58 Ebd.
59 Ebd., S. 170f.

Spezies."[60] Die Singularitäten müssten einzeln betrachtet und in ihrer Überschneidung und Überlagerung analysiert werden, um so die historische Entstehung und Verschiebung der positiven Begriffe und Phänomene erkennen zu können. Dabei geht es allein die um Beschreibung dieser sich überlappenden Singularitäten, nicht um deren Erklärung, wie Foucault explizit betont:

> „Wenn es weder in eine Geschichtsphilosophie noch in eine historische Analyse umkippen will, muß es sich im Immanenzfeld der reinen Singularitäten halten. Also Bruch, Diskontinuität, Singularität, reine Beschreibung, unbewegliches Tableau, keine Erklärung, kein Übergang."[61]

Genealogie beschreibt Foucault in seiner programmatischen Rede *Was ist Kritik?* (1978) deshalb als die Verfahrensweise, die dazu dient „die Erscheinungsbedingungen einer Singularität in vielfältigen bestimmenden Elementen ausfindig zu machen und sie nicht als deren Produkt, sondern als deren Effekt erscheinen zu lassen."[62] In Form der Unterscheidung von Produkt und Effekt wird dabei noch einmal verdeutlicht, dass die Singularitäten nicht absichtsvoll hervorgebracht werden, sondern eben allein ein nichtintendierter Effekt der Zufälle, der kleinen Ereignisse und deren Überschneidungen und Widersprüche sind.

Anstelle eines Ursprungs untersucht die Genealogie die Herkunft eines Begriffs, die nicht wie der Ursprung dessen „Gattungsmerkmale" hervorkehren möchte, sondern „die vielfältigen subtilen, einzigartigen, subindividuellen Merkmale auf[spürt], die sich darin [im Begriff, S.G.] kreuzen und ein schwer zu entwirrendes Netz bilden."[63] Die unzähligen Rede- und Verhaltensweisen können dazu führen, dass ein Begriff hervorgebracht wird. Den Zeitpunkt, an dem ein solcher Begriff sich erneuert, eine neue hegemoniale Bedeutung erlangt, bezeichnet Foucault als dessen „Entstehung", als den „Punkt, an dem etwas hervortritt."[64] Dabei handelt es sich jedoch weniger um eine konkrete Zeitangabe, in Bezug auf Strafe etwa die erstmalige Einführung von Strafgesetzen, als vielmehr um einen Zeit*raum*. Der Ablehnung eines Ursprungs entsprechend entstehen die Positivitäten nicht durch einen einzelnen oder mehrere konzertierte willentliche Akte, sondern durch die Verbindung der Zufälle. Foucault macht dies in seinem Begriff der Entstehung deutlich, wenn er sagt: „Von Entstehung ist also die Rede, wenn

60 Foucault, M. (1992). *Was ist Kritik?* Berlin: Merve, S. 36.
61 Ebd.
62 Ebd., S. 37.
63 Foucault, M. (2014). Nietzsche, die Genealogie, die Historie, S. 170.
64 Ebd., S. 174.

Kräfte auf der Bühne erscheinen." Sie ist „weder die Kraft der Starken noch die Reaktion der Schwachen, sondern die Bühne, auf der sie einander gegenübertreten und Aufstellung nehmen [...]; der Raum, der zwischen ihnen liegt."[65] Es sind also nicht einfach die mächtigen Akteure eines Zeitalters, die einen Begriff bestimmen und somit durchsetzen, sondern die hegemonialen Bestimmungen eines Begriffs ergeben sich vielmehr im Widerstreit zwischen Mächtigen und weniger Mächtigen, sie setzen sich gewissermaßen hinter dem Rücken der Akteure durch, die von sich glauben, die Begriffsbildung aktiv voranzutreiben. An dieser Stelle hält Foucaults Machtbegriff[66] Einzug in die Methode der Genealogie. Macht begreift Foucault nicht simpel als verteilte Ressource, die die Mächtigen haben und die den Ohnmächtigen fehlt, sondern als eine Struktur, die gesellschaftlichen Prozessen und Akteuren innewohnt. Auch in der Teilnahme der vermeintlich Ohnmächtigen am Diskurs wirkt eine Macht durch diese hindurch, die Foucault als ‚Gegenmacht' bezeichnet. So fasst auch Joseph Vogl in einem Handbuchbeitrag zum Begriff der Genealogie bei Foucault zusammen: „Nicht auf politische, ökonomische, rechtliche oder soziale Institutionen bzw. Formate bezogen, wird er [der Begriff der Macht, S.G.] zum Synonym für Kräfteverhältnisse, in denen sich fortlaufende Kämpfe und ein vielfältiges Widerspiel von Unterwerfungen und Gegenkräften vollzieht."[67]

Begriffe wie der der Strafe sind für Foucault folglich ohne Ursprung, kontingent in ihrer Bedeutung und nicht von einem einheitlichen Willen, sondern durch den Kampf von Macht und Gegenmacht hervorgebracht. Macht steht dabei in Foucaults Werk immer in enger Verknüpfung mit den Phänomenen des Wissens und der Wahrheit, die folgerichtig ebenso kontingent sind wie die Begriffe selbst. So bezeichnet Foucault als *Wissen* „alle Erkenntnisverfahren und -wirkungen, [...] die in einem bestimmten Moment und in einem bestimmten Gebiet akzeptabel sind."[68] Wissen ist hier folglich nicht als Übereinstimmung einer subjektiven Erkenntnis mit einem objektiven Sachverhalt bestimmt, sondern als ein historisch und gesellschaftlich hervorgebrachtes Wissen, das Wesentlich auf der Akzeptanz desselben *als* Wissen basiert. Grob vereinfacht gesagt: Als Wissen von etwas gilt, was als Wissen von etwas anerkannt wird und sich historisch als solches durchsetzen konnte. Dabei können unterschiedliche Formen und Strukturen von

65 Ebd., S. 176.

66 Dieser wird an anderer Stelle detaillierter charakterisiert und hier nur kurz angerissen, um das Verfahren der Genealogie verdeutlichen zu können.

67 Vogl, J. (2014). Genealogie. In: C. Kammler, R. Parr, & U. J. Schneider (Hrsg.), *Foucault Handbuch – Leben – Werk - Wirkung*. Stuttgart: J.B. Metzler, S. 256.

68 Foucault, M. (1992). *Was ist Kritik*, S. 32.

Wissen koexistieren, so gibt es etwa auf die Frage nach der Erziehung, die Foucault mit der Formulierung „Wie regiert man Kinder[?]“[69] paraphrasiert, unterschiedlichste Antworten, die alle als Wissen gelten können. Wissen und Macht sind dabei wechselseitig miteinander verknüpft. Foucault argumentiert, dass Wissen über etwas behauptet werden können muss, um Macht über den Gegenstand, von dem man etwas weiß, ausüben zu können; umgekehrt muss zugleich eine gewisse Macht sich gegenüber der Gegenmacht durchsetzen können, um ein Wissen als solches zu etablieren:

> „Nichts kann als Wissenselement auftreten, wenn es nicht mit einem System spezifischer Regeln und Zwänge konform geht. Umgekehrt kann nichts als Machtmechanismus funktionieren, wenn es sich nicht in Prozeduren und Mittel-Zweck-Beziehungen entfaltet, welche in Wissenssystemen fundiert sind.“[70]

Schließlich geht Foucault mit seinem Konzept der Genealogie davon aus, dass die Frage nach der Wahrheit nur eine untergeordnete Rolle spielt. Wenn Wissen keine Übereinstimmung von subjektiver Interpretation und objektiver Wirklichkeit darstellt; wenn Begriffe sich nicht durch willentliche Bestimmung, sondern durch den Zufall des Wechselspiels von Macht und Gegenmacht ergeben, dann stellt sich die Frage nach der Wahrheit nicht mehr. Genealogie, die die Herkunft der Positivitäten sucht, zieht nicht „die Scheidelinie zwischen Legitimität und Illegitimität [...] und ebensowenig diejenige zwischen Irrtum und Wahrheit.“[71] Macht und Wissen berufen sich zwar auf Wahrheit, diese sei aber ebenso kontingent wie die mit ihr korrespondierenden Begriffe, ja Wahrheit entstehe sogar erst in der Verbindung von Macht und Wissen. In paradoxaler Wendung bezeichnet Foucault die Wahrheit als „Irrtum, der nicht mehr widerlegt werden kann, weil die Geschichte ihn so hartgesotten hat, dass er sich nicht mehr verändern lässt.“[72] Genealogie sucht diesen Irrtum, der in der Gewordenheit der Wahrheit besteht, offenzulegen. Ihr Ansinnen ist es, die Verbindungen von Macht, Wissen und Wahrheit in ihrer historischen Konstellation aufzuzeigen und so den vermeintlich geschichtslosen Begriffen ihre Geschichte zu geben: „Die philosophische Frage durch den Rekurs auf den historischen Gehalt entsubjektivieren, die historischen Inhalte durch die Befragung der Machteffekte, mit denen sie von ihrer Wahrheit ausgestattet werden, los-

69 Ebd., S. 11.
70 Ebd., S. 33.
71 Ebd., S. 31f.
72 Foucault, M. (2014). Nietzsche, die Genealogie, die Geschichte, S. 170.

machen: das ist die erste Charakteristik dieser historisch philosophischen Praxis“[73], die Genealogie heißt.

Der Begriff der Genealogie bezeichnet bei Foucault zusammenfassend ein Vorgehen der Geschichtsanalyse, das nicht an eine Metaphysik glaubt. Weder eine Teleologie noch eine Ontologie sind der Geschichte als solcher eigen. Dennoch werden viele Begriffe und Phänomene Foucault zufolge als geschichtslose begriffen und deshalb ihr kontingenter Gehalt verkannt. Dies liegt an einer Konzentration von Wissen, Macht und Wahrheit in unterschiedlichen historischen Konstellationen. Die Genealogie untersucht, in welchen Zeiträumen diese drei Phänomene in Konstellationen auftreten, die hegemoniale Begriffsverständnisse hervorgebracht haben. Sie ist damit in der Lage, die *Herkunft* der Begriffe und Phänomene aufzuzeigen. Um diese theoretischen Überlegungen mit Inhalt zu füllen und so zugleich zu deren Verständlichkeit beizutragen, wird im Folgenden Foucaults Werk *Überwachen und Strafen* (1975) untersucht, das sich auch dem pädagogischen Strafen widmet.

2.1.2 Überwachen und Strafen

In *Überwachen und Strafen* zeichnet Michel Foucault die genealogische Entwicklung des Strafsystems vom 18. bis zum 20. Jahrhundert nach. Das Kernanliegen des Werks besteht dabei in der Beantwortung der Frage, wie sich das Gefängnis im Laufe des 19. Jahrhunderts als dominierende Institution der gesellschaftlichen Bestrafung durchsetzen konnte, während es zuvor lediglich eine untergeordnete Rolle im Strafsystem spielte. Foucault unterteilt seine Analyse gemäß der von ihm untersuchten Historie in vier Abschnitte: die Marter, die Bestrafung, die Disziplin und das Gefängnis. Diese vier Abschnitte sind jedoch nicht trennscharf voneinander abzugrenzen. Den oben erläuterten Intentionen der Genealogie folgend sucht Foucault nicht nach dem Ursprung der einzelnen Strafmethoden, sondern erkennt diese als einander überlappende und durchdringende, ineinander aufgehobene Abschnitte, deren Anfang und Ende nicht eindeutig zu bestimmen sind. Während die ‚Geburt des Gefängnisses‘ – so der Untertitel des Werks – augenscheinlich nichts mit Pädagogik am Hut hat, ist eine Betrachtung des Buchs bei näherem Hinsehen doch aus zwei Gründen sinnvoll: einerseits, weil Foucault das Gefängnis nicht allein als Institution, sondern als gesellschaftsumspannendes Phänomen betrachtet, das sich auch in der

---

73 Foucault, M. (1992). *Was ist Kritik*, S. 27.

Schule durchsetzt; andererseits, weil die Genealogie der Strafe von der Marter zum Gefängnis auch im Bereich der Pädagogik nachvollzogen werden kann (vgl. Kap. 2.3).

Foucaults Bestimmungen beginnen mit der Marter, einer Strafform, die sich wesentlich zur Zeit des französischen Absolutismus finden lässt. Die Marter ist hierbei nach Foucault eine Strafe des Souveräns (in diesem Falle des Monarchen), der diese gegen jede Person verhängt, die durch die Begehung von Straftaten indirekt dessen Souveränität infrage stellt.[74] Sie funktioniert wesentlich über den Schmerz sowie über die sichtbare Brandmarkung des Körpers.[75] In der Marter manifestiert sich also die Macht des Souveräns in Form der Kennzeichnung des Körpers, welche durch die öffentliche oder nicht-öffentliche Folter stattfindet. Zugleich bezeugt die Körperstrafe und das von ihr zugefügte Mal in der Logik der Marter die Wahrheit der Straftat: Wer unschuldig ist, wird nicht bestraft, wer Foltermale aufweist, müsse folglich schuldig sein oder zumindest durch fragwürdiges Verhalten eine Teilschuld auf sich genommen haben.[76] Die öffentliche Hinrichtung und Marter verfolgt zudem einen Effekt der Machtdemonstration und der Abschreckung: Der Souverän deutet durch das ‚Schauspiel' der öffentlichen Bestrafung an, dass mit ihm nicht zu spaßen und seine Souveränität nicht zu missachten sei. Foucault deutet die Öffentlichkeit der Strafe zudem als Versuch des Souveräns, sich durch die Teilhabe des Publikums an der Strafe mit diesem zu verbünden, indem das Publikum an der souveränen Strafexekution beteiligt wird.[77]

Doch im Laufe der Zeit wird die öffentliche Hinrichtung der Marter selbst zum Verhängnis. Im 18. Jahrhundert flammt aus mehreren Gründen Protest gegen diese Art der Strafe auf. Vielfach brach gerade in der zuschauenden Bevölkerung Widerstand gegen die Hinrichtungen aus, wenn sie die Motive des Straftäters teilen konnte, wenn er etwa durch Hunger oder ein anderes Leid motiviert war. Gerade die passive Hinnahme einer Hinrichtung durch den Verurteilten galt oftmals nicht als Schuldeingeständnis, sondern als Resignation vor dem Strafprozess und der Verurteilung, die die Bevölkerung zu hinterfragen begann. So kam es laut Foucault, dass schließlich die Solidarität mit den Verurteilten stärker zu werden begann als die Verbrüderung mit dem Souverän, der die Bevölkerung an seiner Macht teil-

74 Vgl. Foucault, M. (1977). *Überwachen und Strafen. Die Geburt des Gefängnisses.* Frankfurt/Main: Suhrkamp, S. 64.

75 Vgl. ebd., S. 47.

76 Vgl. ebd., S. 57.

77 Vgl. ebd., S. 75ff.

haben ließ.[78] Um dieser Gefahr der Verbrüderung und des damit einhergehenden Souveränitätsverlusts „zu begegnen, muß die Strafjustiz, anstatt zu rächen, endlich bestrafen"[79]. So wird der Mensch nun zunehmend als menschliches, d.h. auch leidendes Wesen betrachtet, die Grausamkeit der Marter wird hinterfragt: „Im verruchtesten Mörder ist zumindest eines noch zu respektieren, wenn man bestraft: seine menschliche Natur", fasst Foucault die Entwicklungen seit Beginn des 18. Jahrhunderts zusammen. Er hat dabei – gemäß seinen Auffassungen zur Genealogie – jedoch nicht eine einfache Abfolge von Veränderungen im Blick, die darin bestünde, dass die Aufklärung als Stichwortgeber die Kritik der Strafe voranbringen und diese schließlich gesetzlich durchsetzen würde; vielmehr handelt es sich hier um eine Vielzahl von Akteuren und Mechanismen, die in Prozessen von Macht (monarchischer Souverän) und Gegenmacht (Bürgertum/Reformbewegung) aufeinander einwirken. In diesem Kampf trägt letztere zunächst den Sieg davon. Mit der Zeit wird so nicht Rache, sondern Besserung das Ziel der Strafe, da dieses der Humanität stärker entspreche. Dazu werden sowohl bekannte und legitimierte Gesetze als auch eine Kenntnis des Täters und seiner Motive benötigt. Der Einzelne soll nun wissen, welche Strafe droht. Durch die Schließung des ideellen Gesellschaftsvertrags habe das Bürgertum „ein für allemal mit den Gesetzen der Gesellschaft auch das Gesetz angenommen, das ihn zu strafen droht."[80] Doch Foucault zufolge handelt es sich bei dieser Entwicklung nicht um eine Zunahme der Humanität, die dem Einzelnen mehr Freiheit und Rechtssicherheit ermögliche. Vielmehr deutet er diese Entwicklung als eine zunehmende Regulierung und Normalisierung der gesellschaftlichen Kontroll- und Strafmechanismen. Der Staat und seine Institutionen beginnen nun, Wissen über Täter und Taten zu produzieren, rechtliche Abläufe zu vereinheitlichen und durch die Festlegung der Straftatbestände diese gewissermaßen erst hervorzubringen. All dies wird nun genauer erfasst, die Regulierung führt „zu einem lückenloseren Durchkämmen des Gesellschaftskörpers".[81]

Mit der Verfeinerung der Kontrollelemente geht auch eine Verfeinerung der Strafen einher. Diese sollen nun der Strafe angemessen sein. Foucault macht sechs Regeln der Strafe fest: Das Übel der Strafe muss den Vorteil, der aus der Tat gezogen wurde, übertreffen (1). Nicht mehr der Körper, sondern die Seele des Täters soll getroffen werden im Sinne der Besserung (2). Die Strafe soll im Sinne der Abschreckung auch auf die wirken, die sie

78 Vgl. ebd., S. 79–90.
79 Ebd., S. 94.
80 Ebd., S. 114.
81 Ebd., S. 99.

nicht begangen haben (3). Gesetze müssen klar formuliert und öffentlich einsehbar sein sowie einheitlich angewandt werden (4). Die Strafe muss sich gewissermaßen logisch aus der Tat ableiten (5). Alle Rechtsbrüche müssen nun erfasst und die vermeintliche ‚Natur' der Verbrecher berücksichtigt werden, sodass das Wissen über die Kriminalität wächst (6).[82] Während erkennbar einige Elemente der Marter in der Bestrafung aufgehoben (im Sinne von enthalten) sind, wie etwa die abschreckende Wirkung des Strafvollzugs, ist die körperliche Zeichnung nun weitestgehend verschwunden. Nicht mehr Male wie Narben oder fehlende Gliedmaßen kennzeichnen den Verurteilten, sondern die von Foucault als ‚Hemmzeichen' bezeichneten körperlichen Veränderungen, die beispielsweise durch Arbeitsstrafen, genaue Zeiteinteilung und Überwachung zugefügt werden.

Diese Hemmzeichen entstammen der Disziplin. Paradoxerweise sind Strafe und Disziplin historisch in einem sich stark überschneidenden Zeitabschnitt zu finden. Beide werden von den Strafreformern gefordert, die sich in unterschiedlichen Formen gegen die Marter aussprechen. Während die Strafe auf die Besserung abzielt, soll die Disziplin ein „Gehorsamssubjekt" hervorbringen, das „den allgemeinen und ausgeklügelten Prozeduren irgendeiner Macht unterworfen ist."[83] Das Gehorsamssubjekt wird dabei laut Foucault wesentlich durch Arbeit und Überwachung hervorgebracht – zwei Prozesse, die in der Institution des Gefängnisses ausgesprochen effizient ausgeführt werden können. Der Körper soll hierdurch als arbeitsfähiger und normierter Körper der Gesellschaft zurückgegeben werden. Überwachung und Kontrolle sollen den Verurteilten zum „gehorchenden Subjekt" machen, zu einem „Individuum, das Gewohnheiten, Regeln, Ordnungen unterworfen ist und einer Autorität, die um es und über ihm stetig ausgeübt wird, und die es automatisch in sich selber wirken lassen soll."[84] Im Gefängnis wird jedem Individuum sein Platz zugeteilt, sowohl an der Arbeitsstätte als auch in der Isolationszelle. Diese räumliche Trennung und Platzzuweisung erlauben zudem eine strikte Kontrolle und Überwachung der Einzelnen, deren Zeit ebenso strikt eingeteilt ist. Die Arbeit wie die Freizeit des Häftlings entsprechen präzisen Zeitplänen und Abläufen, die durch Wiederholung eingeübt werden. Gerade der Müßiggang, der zu dieser Zeit als Ursache der Delinquenz gilt, soll dadurch vermieden werden. Stattdessen soll durch diese kleinen routinierten Abläufe ein Körper hergestellt werden, der durch die genaue Kenntnis seiner Funktionen und

82 Ebd., S. 119–127.
83 Ebd., S. 167.
84 Ebd., S. 167.

die strikte Überwachung „gelehrig" wird, d.h. ein Körper ist, „der unterworfen werden kann, ausgenutzt werden kann, der umgeformt und vervollkommnet werden kann."[85]

Die beiden Ziele der Reformer – das rehabilitierte sowie das gehorchende Subjekt – lassen sich ideal miteinander verbinden, wenn die Rehabilitation des Verurteilten darin besteht, arbeitsfähig und gesellschaftstauglich, sprich dem Souverän gehorchend zu werden. Das Gefängnis setzt sich laut Foucault als ideale Strafmaßnahme durch, da es durch seine Mechanismen der Kontrolle, der Zeiteinteilung und der Isolation die besten und effizientesten Voraussetzungen für die Erreichung der beiden Ziele der Reformer liefert. Die Strafen, denen die Verurteilten ausgesetzt sind, werden somit zwar milder, aber zugleich auch effizienter und rigoroser: jede Straftat wird durch das Wissen über diese erfasst, verfolgt und geahndet – jede Strafe ist dem jeweiligen Individuum angepasst, das der Strafapparat über seine eigenen Methoden als Wissen erfasst und so je individuell bestrafen kann, um es zu rehabilitieren und zu unterwerfen. Optimiert wird diese Strafform Foucault zufolge in der Form des benthamschen Panopticons, einer Gefängnisarchitektur, von der die Strafjustiz jede einzelne Zelle, jeden einzelnen Häftling permanent überwachen kann, die Überwachung selbst jedoch für den Häftling nicht unmittelbar feststellbar ist. Die Kontrollmacht wird dadurch gewissermaßen unsichtbar.[86]

Im letzten und umfangreichsten Abschnitt des Buches unter der Überschrift *Gefängnis* macht Foucault deutlich, dass das institutionelle Strafen in Form der Marter oder des Gefängnisses nicht dem Justizapparat vorbehalten bleibt. Die Wandlung von den ‚peinlichen Strafen' hin zu der subtilen Unterwerfung der Körper sei vielmehr ein gesamtgesellschaftlicher Prozess:

> „Die Gefängnisform ist älter als der systematische Einsatz des Gefängnisses in der Strafjustiz. Sie hat sich außerhalb des Justizapparates konstituiert, als sich über den gesamten Gesellschaftskörper jene Prozeduren ausbreiteten, um die Individuen anzuordnen, zu fixieren und räumlich zu verteilen und zu klassifizieren, um das Höchstmaß an Zeit und das Höchstmaß an Kräften aus ihnen herauszuholen, um ihre Körper zu dressieren, ihr ganzes Verhalten zu codieren, sie in einer lückenlosen Sichtbarkeit festzuhalten, rund um sie einen Beobachtungs- und Registrierungsapparat aufzubauen, ein sich akkumulierendes und zentralisierendes Wissen über sie zu konstruieren."[87]

---

85 Ebd., S. 175.
86 Vgl. ebd., S. 258–275.
87 Ebd., S. 295.

Die Wandlung der Strafform ist insofern *gesellschaftlich*, als Foucault die gesamte Gesellschaft der Moderne als *Gefängnis* betrachtet. Die Kontroll-, Überwachungs- und Einteilungsfunktionen setzen sich gesamtgesellschaftlich durch, das Gefängnis stellt allein ihre Extremform dar. Als weitere gefängnisähnliche Institution macht Foucault neben den Kasernen, den Fabriken, den Krankenhäusern und den Gefängnissen auch die Schulen aus. In all diesen Institutionen hätten sich die Prinzipien der Isolation und Überwachung zur Wissensakkumulation, (Re-)Habilitation und Unterwerfung der Individuen durchgesetzt. So wird auch in der Schularchitektur mit der Zeit die Überwachung der Lernenden effizienter geregelt, die Einzelnen erhalten ihren Platz und ihre Aufgabe, Schulen werden nach Alters- und Wissensstufen aufgeteilt und der jeweilige Schüler durch geschultes Personal besser erkenn- und kontrollierbar.[88] Diese Erkenntnis und Kontrolle der Lernenden findet dabei wesentlich in der *Prüfung* statt, in der die Lehrperson ihre Autorität permanent durchsetzt und dabei zugleich den Schüler als Subjekt erfasst. Sie objektiviert diese, indem sie ihnen ein bestimmtes Wissen zu- oder abschreibt, sie mit anderen vergleicht und somit in ein Verhältnis zur Norm setzt. Foucault bezeichnet die Schule deshalb als „pausenlos funktionierenden Prüfungsapparat, der den gesamten Unterricht begleitet.“[89]

Der Wandel schulischen Strafens ist Foucault zufolge also nicht unabhängig von der generellen Durchsetzung des modernen Strafverständnisses verlaufen, sondern parallel zu diesem. Schulisches Strafen erfüllt ebenso wie das Gefängnis und die anderen organisierten Strafinstitutionen die von den Reformern angestrebten Ziele der (Re-)Habilitation sowie der Unterwerfung der Individuen und bedient sich dabei den Prozessen der Arbeit, der Kontrolle und der Parzellierung. Durch diese wird Wissen über die Individuen erlangt, welches wiederum zu einer Verfeinerung der Kontrolle führt, da mit dem Anstieg des Wissens über das Individuum auch dessen Beeinflussbarkeit wächst. Foucault zufolge werden die Strafmechanismen, die auf die Körper der Individuen einwirken, somit immer subtiler. Wissen und Macht sind also – gemäß der Ausführungen Foucaults zur Genealogie – auch in der Historie der Strafpraktiken eng miteinander verzahnt.

Liest man *Überwachen und Strafen*, so stellt sich bald die Frage danach, *weshalb* die Strafprozesse sich so wandeln, wie sie es gemäß Foucaults Beschreibung tun. Zwar wird deutlich, dass sich hier ein Verhältnis von Macht und Gegenmacht etabliert, wie es auch in den theoretischen Betrachtungen

88 Vgl. ebd., S. 188f.
89 Ebd., S. 240.

zur Genealogie beschrieben wird – schließlich setzt sich die Gegenmacht in Form der bürgerlichen Reformer und ihres Anspruchs auf Rehabilitation und Unterwerfung über die Jahrhunderte hinweg gegen die Macht des monarchischen Souveräns und dessen Anspruch auf Marter durch und wird somit zur neuen souveränen Macht. Jedoch bleibt dabei relativ unbestimmt, *weshalb* dieser Prozess sich vollzieht. Foucault führt zwar einige Gründe an, die auch die Reformer vortragen: Die peinliche Strafe sei zu brutal, ziele auf den Körper statt auf die Seele und verspiele das Potential, die Bürger zu ‚anständigen' Menschen zu machen, indem es sie durch die Marter und die Todesstrafe ausgrenze oder aus der Gesellschaft entferne. Darüber hinaus stellt Foucault auch fest, dass die Strafe in einem Zusammenhang mit der sich entwickelnden kapitalistischen Gesellschaft und deren Ideologie steht. Denn die Engführung des rehabilitierten Subjekts mit dem unterworfenen Subjekt ordnet sich in das Bedürfnis des Kapitals nach arbeitsfähigen Subjekten ein. Der Strafe geht es wesentlich um die (Wieder-) Herstellung des *homo oeconomicus*: „Die Ökonomie der Gesetzwidrigkeiten hat sich der Entwicklung der kapitalistischen Gesellschaft angepaßt, die Gesetzwidrigkeit gegen Güter hat sich von der gegen Rechte getrennt. Diese Teilung deckt sich mit dem Gegensatz der Klassen"[90]. Er erkennt an, dass Strafe und Ökonomie in einem gewissen Zusammenhang stehen. Rusche und Kirchheimer folgend beschreibt er, dass die Strafsysteme „mit den Produktionssystemen in eine Beziehung gesetzt [sind]."[91] Sklavenhaltergesellschaften strafen anders als Feudalgesellschaften und diese wiederum anders als kapitalistische Gesellschaften. Foucault möchte die ökonomischen Gründe jedoch nicht als alleinige Ursache eines Wandels des Strafsystems stehen lassen: Die Formierung des Körpers steht für ihn viel mehr noch „unmittelbar im Feld des Politischen", Macht und Herrschaft stehen noch vor den Gründen der Ökonomie: „Zu einem Gutteil ist der Körper als Produktionskraft von Macht- und Herrschaftsbeziehungen besetzt; auf der anderen Seite ist seine Konstituierung als Arbeitskraft nur innerhalb eines Unterwerfungssystems möglich"[92]. Die Veränderung der Disziplinarmaßnahmen folgt gemäß Foucault also nicht einfach den ökonomischen Bedürfnissen der Kapitalakkumulation, sondern steht in einem Zusammenhang von Macht und Herrschaft. Diesem widmet sich Foucault speziell in seinen Schriften zur *Gouvernementalität*, denen der letzte Abschnitt dieses Kapitels gewidmet ist.

90 Ebd., S. 110.
91 Ebd., S. 35.
92 Ebd., S. 37.

2.1.3 Gouvernementalität

In den letzten Jahren seines Lebens und Wirkens widmete Michel Foucault sich zunehmend einem Thema, das er zuvor in einigen Werken bereits angedeutet, jedoch nie umfassend ausgeführt hatte: der Gouvernementalität. Erstmals behandelt Foucault diesen Begriff in seinen beiden Vorlesungen am College de France aus den Jahren 1977/78 und 1978/79 (Foucault verstarb 1984), die posthum unter dem von Foucault angedeuteten Titel *Geschichte der Gouvernementalität* im Jahre 2005 publiziert worden sind. Der etwas sperrige Begriff der Gouvernementalität leitet sich dabei vom Begriff *gouvernemental* ab und bedeutet so viel wie ‚die Regierung betreffend'. Foucault nimmt mit diesem Begriff eine wesentliche Korrektur an seinem Machtbegriff vor – er selbst bezeichnet ihn als einen ‚Leitfaden' seiner späten Forschungsarbeit –, sodass einige Rezipienten seiner Theorie hierin eine bedeutsame Veränderung der bisherigen Theoriearbeit sehen.[93] Hatte Foucault sein bisheriges Augenmerk wesentlich auf die Verschränkungen und Genealogien von Macht-, Diskurs- und Wissensformen in einzelnen Disziplinen bzw. Phänomenen wie der Sexualität, der Delinquenz, der Krankheit und des Wahnsinns gelegt, können seine Ausführungen zur Gouvernementalität gewissermaßen als ein Rahmenkonzept der Machttheorie und ihrer institutionellen Formung betrachtet werden. Foucault selbst macht dies in seiner Vorlesung deutlich, wenn er sagt:

> „Eine derartige Methode [die Gouvernementalität zu untersuchen, S.G.] besteht im Grunde genommen darin, hinter die Institution zu gelangen, um hinter ihr und auf globalere Weise als sie selbst in groben Umrissen versuchsweise das wiederzufinden, was man eine Machttechnologie nennen kann."[94]

Während also Bücher wie *Überwachen und Strafen* wesentlich eine institutionell gebundene Macht – hier die der Disziplinarmacht – in ihren unterschiedlichen Ausführungen von der Marter bis zum Gefängnis betrachteten, geht es Foucault in seinen Gedanken zur Gouvernementalität um den breiteren Rahmen der Macht, in den diese Institutionen eingebettet sind. Es geht um gouvernementale Macht, sprich Regierungsmacht.

---

93 Vgl. exemplarisch Lemke, T. (2015). Die politische Theorie der Gouvernementalität: Michel Foucault. In A. Brodocz, & G. Schaal (Hrsg.), *Politische Theorien der Gegenwart I. Eine Einführung*. 4. Auflage. Opladen: Budrich.

94 Foucault, M. (2004). *Geschichte der Gouvernementalität I. Sicherheit, Territorium, Bevölkerung*. Frankfurt/Main: Suhrkamp, S. 175f.

Regierungsmacht meint nun – so haben wir bereits in den obigen Ausführungen gesehen – nicht einfach die Macht einer konkreten Regierung im heutigen Sinne, beispielsweise der Bundesregierung, da Foucault solche simplen Kausalitätsbeziehungen für zu unterkomplex erachtet, um die Machtverhältnisse zu erklären. Der Begriff der Regierung ist für Foucault wesentlich breiter angelegt. Die Regierung ist also „etwas von der Ausübung einer Souveränität bis in die feinsten Quentchen der individuellen Verhaltensweisen hinein verschiedenes“[95], sie bezieht sich nicht in erster Linie auf die Wirkungen des politischen Souveräns auf seine Bürger, sondern sie umfasst „eine ganze Serie spezifischer Regierungsapparate und [...] Wissensarten.“[96] Es handelt sich bei der Gouvernementalität folglich um einen breiten Begriff der Regierung, der wie der oben erläuterte Begriff des Gefängnisses nicht allein den Souverän oder einzelne Institutionen meint, sondern einen gesamtgesellschaftlichen Prozess.

In seinen Vorlesungen zur Geschichte der Gouvernementalität betrachtet Foucault die Entstehung derselben als einen Zusammenschluss von zwei Arten der Macht, die er als pastorale Macht sowie als Polizei bezeichnet. Die pastorale Macht leitet sich – wie der Name bereits nahe legt – von einer Ausprägung des christlichen Verständnisses des Pastors, also des Hirten ab. Diese kennzeichnet sich vor allem dadurch, dass sie sich im Gegensatz zur Macht des Souveräns nicht auf ein zu erhaltendes Territorium bezieht, sondern auf „die Herde“[97], also auf die Individuen sowohl als Einzelne wie auch als Gruppe. Der Pastor hat nach der theologischen Auslegung, wie sie vor allem im Gleichnis vom verlorenen Schaf beschrieben wird, sowohl die gesamte Herde zu achten als auch das einzelne Schaf – beide Ansprüche stehen im Zweifelsfall einander gegenüber, der Hirte muss das Wohl der Herde ebenso achten wie das des einzelnen Schafs und darf zu keinem Zeitpunkt das eine über das andere stellen. Auch hier besteht ein Unterschied zur Macht des Souveräns, der wesentlich das Gesamtwohl im Blick hat, für den jedoch der Einzelne im Zweifel ersetz- und vernachlässigbar ist. Darüber hinaus ist die pastorale Macht „eine von Grund auf wohltätige Macht“[98]. Das bedeutet, dass nicht das Wohl des Pastors im Vordergrund steht, sondern das des Schafs bzw. in der Analogie das des Gläubigen. Auch dies stellt im Vergleich zur souveränen Macht eine wesentliche Änderung dar, war dem mittelalterlichen Souverän doch nicht das Wohlergehen seiner Unter-

95 Ebd., S. 103.
96 Ebd., S. 162.
97 Ebd., S. 188.
98 Ebd.

gebenen das nächste Anliegen, sondern sein eigenes Wohl und sein eigener Machterhalt. Insbesondere zeichnet sich die pastorale Macht jedoch dadurch aus, dass sie wesentlich umfassender ist als die Macht des Souveräns. Sie besteht nicht aus einer Befehlskette von oben nach unten, die das Ganze der Gesellschaft zusammenhält, sondern aus vielen einzelnen Gruppen, die von je einem ‚Pastor' betreut werden, welcher jedes einzelne Mitglied seiner Gemeinschaft im Blick hat und dessen Verhalten zum Ziel des individuellen wie gesamtgesellschaftlichen Wohls zu beeinflussen sucht: Die pastorale Macht ist ein „permanentes Eingreifen beim täglichen Verhalten, bei der Lebensführung, doch auch bei den Gütern, den Reichtümern und den Dingen."[99] Diese pastorale Macht, die sich Foucault zufolge wesentlich im Kontext der Reformation durchsetzt, ist jedoch zunächst keine politische Macht im Sinne einer Macht, die durch den Staat ausgeübt wird. Vielmehr ist sie eine Art der Menschenführung, die der Kirche vorbehalten bleibt und mit der diese vor allem auf die Bestrebungen der Reformation reagiert: der Einzelne soll mit seinen religiösen Bedürfnissen ernstgenommen werden.

Die pastorale Macht wird erst da zur politischen Macht, wo sie sich mit der Form der Polizei verbindet. Auch hier ist mit Polizei nicht das gemeint, was landläufig unter diesem Begriff gefasst wird. Foucault geht vielmehr den Ursprüngen der heutigen Polizeiinstitution auf den Grund und macht diese als das aus, das wir heute unter dem Begriff der ‚policy' verstehen. Er beschreibt, dass man „vom 17. Jahrhundert an beginnt […] die Gesamtheit der Mittel ‚Polizei' zu nennen, durch die man die Kräfte des Staates erhöhen kann, wobei man zugleich die Ordnung dieses Staates erhält"[100]. Die Polizei bezeichnet also ursprünglich den gesamten Verwaltungsapparat des Staates, der vor allem zur Steigerung ökonomischer Mittel beitragen soll. Zu diesem Zweck beginnt diese Verwaltung, Statistiken zu allen nur erdenklichen Faktoren zu erheben – von der Anzahl der Menschen und ihrer Produktivität, Bedürfnisse und Gesundheit bis zur Überwachung und Regelung des (Waren-)Verkehrs und der Infrastruktur weitet die Polizei ihre Aufgaben kontinuierlich aus. Auch hierbei kristallisiert sich mit der Zeit ein Ansatz der Verwaltung heraus, der das persönliche Wohl mit dem Staatswohl verbindet. Die Polizei soll „die Kraft des Staates auf der Annehmlichkeit der Menschen auf[bauen]. […] Aus dem Glück der Menschen soll der Nutzen für den Staat entstehen."[101]

99 Ebd., S. 225.
100 Ebd., S. 451.
101 Ebd., S. 470.

Aus diesen Beobachtungen leitet Foucault ab, dass die Gouvernementalität wesentlich die *Bevölkerung* zu ihrem Gegenstand macht. Regiert wird nicht mehr ein Territorium oder ein Volk, sondern die Bevölkerung im Sinne der Gesamtheit der Staatsbürger wie auch jedes einzelnen Staatsbürgers für sich. Dabei setzt der Staat in der Verbindung von Polizei und Pastoralmacht jedoch nicht (oder nur als letztes Mittel) auf die Durchsetzung dieser Ziele mit staatlicher Gewalt und Anordnung, sondern er wählt die Mittel der Hilfe: „Man wird beeinflussen, anreizen, erleichtern, tun lassen müssen. Mit anderen Worten, man wird verwalten, und nicht mehr reglementieren müssen."[102] Die gouvernementale Macht zeichnet sich in der Verbindung von Polizei und Pastoralmacht also vor allem durch drei Merkmale aus: Sie ist erstens auf das Wohl des Einzelnen als Teil des Wohls aller ausgerichtet (eine Überlegung, die sich im Liberalismus im Gedanken der ‚unsichtbaren Hand' wiederspiegelt); sie ist zweitens in dieser Ausrichtung nicht strafend oder begrenzend, sondern fördernd und freisetzend, indem sie dem Einzelnen ein hohes Maß an Eigenständigkeit zukommen lässt; und sie ist drittens allumfassend und kleinteilig: Sie soll alle Faktoren des menschlichen Lebens miteinbeziehen, ständig intervenieren und über statistische Mittel ihre Kontrolle gewährleisten.

Die ständige Verfeinerung und Zergliederung der gouvernementalen Macht trägt dabei entscheidend dazu bei, dass diese selbst immer unsichtbarer wird. Durch die feinen Korrekturen, die zudem nicht einschränkend, sondern fördernd sein wollen, tritt diese Macht immer mehr in den Hintergrund und wird von den Individuen vielmehr als Ermöglichung von Freiheit wahrgenommen. Foucault beschreibt seine Idee der Gouvernementalität deshalb auch als eine Möglichkeit, um erklären zu können, wie Herrschaft sich zunehmend mit ‚Technologien des Selbst'[103] verknüpft. Unter diesen Technologien begreift Foucault eine Regierung, die nicht so sehr von Außen auf das Individuum einwirkt als vielmehr von diesem selbst etabliert wird. Die Anreize der staatlichen Regierung werden immer geringer, die Selbstregulation des Individuums immer größer. Auch in ‚Überwachen und Strafen' wird dieser Prozess der Internalisierung gouvernementaler Macht bereits angedeutet, wenn Foucault schreibt:

> „Die Wirksamkeit der Macht und ihre Zwingkraft gehen sozusagen auf ihre Zielscheibe über. Derjenige, welcher der Sichtbarkeit unterworfen ist und dies weiß, übernimmt die Zwangsmittel der Macht und spielt sie gegen sich selber aus; er internalisiert das Machtverhält-

102 Ebd., S. 506.
103 Vgl. Foucault, M. (1993). *Technologien des Selbst*. Frankfurt/Main: Suhrkamp.

nis, in welchem er gleichzeitig beide Rollen spielt; er wird zum Prinzip seiner eigenen Unterwerfung.“[104]

Wie genau die Selbsttechniken und die Regierung sich miteinander verbinden erklärte Foucault Zeit seines Lebens nicht mehr.[105] Diesem Fragekomplex widmete sich jedoch ein sehr großer Teil der Foucault-Rezeption, der vor allem im angloamerikanischen Raum sogar mit eigenen Lehrstühlen und Studiengängen unter dem Namen der *Governmentality Studies* auftritt. Diese widmet sich dabei unter anderem „den Mikrotechniken des Alltags“[106], wie sie auch in der Abkehr von der Körperstrafe hin zu den Strafen durch Blicke, Bloßstellungen und Beschämungen in der Schule stattfinden.

2.1.4 Zwischenfazit

Michel Foucaults Betrachtung einer Genealogie der Strafe lässt ein facettenreiches Bild ihrer Historie aufscheinen. Mithilfe der Genealogie als einer Methode, die nicht auf einen ontologischen Begriff der Strafe pocht, sondern deren Entstehung und Wandel historisch anhand der je unterschiedlichen Verknüpfungen von Wissen, Macht und Körper nachzeichnen möchte unterscheidet Foucault prinzipiell drei große Formen der Strafe. Dabei muss betont werden, dass diese nicht scharf voneinander zu trennen sind, teilweise zeitgleich oder ineinander aufgehoben (fort-)wirken. Wie in diesem Kapitel gezeigt werden konnte, handelt es sich dabei um die Strafe als Marter, als Disziplin und als gouvernementale (Selbst-)Technik. Die Strafe als Marter ist dabei Mittel des Souveräns, die Körper zu zeichnen, um seine Souveränität zu gewährleisten und zu festigen; seine Macht wird in der Strafe deutlich sichtbar. In der Strafform der Disziplin vereinigen sich die beiden Ziele der Reformer: der Körper soll einerseits rehabilitiert, d. h. das Rechtssubjekt wiederhergestellt und in die Gesellschaft eingegliedert werden. Andererseits soll der Körper zugleich unterworfen werden, um als Arbeitskraftbehälter genutzt werden zu können. Dies geschieht wesentlich durch Kontrolle, Überwachung, Parzellierung und Zeiteinteilung, sodass die Potentiale des Körpers optimal ausgeschöpft werden können. Auch in der Disziplin ist die Unterscheidung von Strafendem und Bestraftem noch deut-

---

104 Foucault, M. (1977). Überwachen und Strafen, S. 260.
105 Vgl. Lemke, T. (2015). Die politische Theorie der Gouvernementalität, S. 498.
106 Ebd., S. 502.

lich erkennbar, die Macht ist sichtbar, auch wenn sie gemäß der Idee des Panopticons bereits unkenntlich zu werden droht. Gouvernementales Strafen hingegen sprengt die Grenzen der Strafe. Es drängt einerseits über die Institutionen hinaus, etabliert sich, wie Foucault im Abschnitt zum Gefängnis in *Überwachen und Strafen* schreibt „außerhalb des Justizapparates“[107] und umfasst schließlich alle Teile der Gesellschaft bis in die persönlichsten Bindungen hinein. Über die Verbindung von Pastoralmacht und Polizei etabliert sich die Gouvernementalität als ein Prozess der ‚Menschenregierungskünste‘[108], der nicht von einer zentralen Regierung im Sinne eines Souveräns ausgeht, sondern von Mensch zu Mensch immer subtiler ausgeübt wird, bis er als Selbsttechnik in das Individuum Einzug hält. Damit verschwindet auch die Sichtbarkeit der Strafmacht und mit ihr die Unterscheidung zwischen Strafendem und Bestraftem: im Zuge der neoliberalen Gouvernementalität, wie sie die *Governmentality Studies* beschreiben, benötigt es keine Strafe, keine Drohung von außen mehr, wenn das Individuum die Prozesse der Selbstregulierung und -kasteiung ausreichend internalisiert hat. Die Freiheit und Selbstverwirklichung der Individuen, auf die eine gouvernementale Technik zur Mehrung des Wohls aller setzt, kehrt sich dann paradoxerweise in eine Selbstbeschränkung um.

Alle drei Formen der Strafe basieren Foucault zufolge auf unterschiedlichen Zusammensetzungen und Verschränkungen von Macht, Wissen und Wahrheit, welche im Laufe der Zeit immer enger zusammenfallen. Zur Festigung und Durchsetzung der Macht werden das Wissen und damit die postulierte Wahrheit über die Sträflinge bzw. die Bevölkerung immer wichtiger, um diese zu beherrschen. Im Zeitalter der Gouvernementalität wird dieses Wissen immer mehr auch an die Individuen weitergegeben, sodass diese ihre Selbsttechniken entwickeln können.

Foucault präsentiert mit seinen Schriften und Reden zur Genealogie der Strafe durchaus plausible Erklärungen für den Strafwandel über die Jahrhunderte hinweg. Die Verschränkungen von Macht, Wissen und Wahrheit liefern dabei einen Erklärungsansatz dafür, wie es jeweils zu diesem Wandel kommen konnte. Auffällig ist jedoch auch hier Foucaults weitestgehende normative Enthaltsamkeit bezüglich des Strafens sowie bezüglich einer Beantwortung der Frage, welche Motivation hinter diesem Wandel steht. Es scheint in seinen Beschreibungen so, als seien die von ihm beschriebenen

107 Foucault, M. (1977). *Überwachen und Strafen*, S. 295.

108 Zum Begriff der Menschenregierungskünste als Nukleus des foucaultschen Gouvernementalitätsbegriffs vgl. Bröckling, U. (2017). *Gute Hirten führen sanft*. Frankfurt/Main: Suhrkamp, S. 7ff.

Prozesse zwar kontingent – schließlich betont Foucault immerzu den antimetaphysischen Impetus seiner Genealogie – zugleich scheinen sie jedoch einem Muster zu folgen, das historisch immer engere Bahnen um das Individuum zieht. Die Geschichte des Strafens ist bei Foucault eine Geschichte der immer stärkeren Ausweitung, Verfeinerung und Unsichtbarwerdung der Macht. Die Macht selbst bleibt dabei ein unheimlich diffuser Begriff: sie scheint allgegenwärtig, in jedem Prozess, in jeder zwischenmenschlichen Beziehung vorhanden zu sein (Foucault spricht selbst von den ‚Mikrophysiken der Macht'). In dieser Diffusität liegt der Grund für Foucaults normative Enthaltsamkeit. Die Macht scheint, entgegen aller Beteuerungen Foucaults, eine quasi-metaphysische Struktur anzunehmen. Sie hat keinen Ort und ist doch allgegenwärtig und überzeitlich, auch wenn sie sich in unterschiedlichsten Formen manifestiert. Eine genauere Betrachtung des Machtbegriffs kann deshalb den Schlüssel zur Beantwortung der Frage liefern, woher ein wesentlicher Einfluss der normativen Enthaltsamkeit pädagogischer Theorie und Forschung in der Frage des Strafens stammt.

Foucaults Genealogie der Strafe weist also zwei Grundzüge auf: Einerseits kann sie historisch plausibel nachzeichnen, wie sich die Formen der Strafe gewandelt haben, welche Funktionen sie dabei erfüllen und wie sich dabei das Wissen und die Überwachung als Faktoren der Macht etablieren. Zeitgleich entbehrt diese Analyse jeglichen Urteils über die Strafe: da die Macht eine überzeitliche Konstante ist, kann die aus ihr resultierende Strafe nicht verurteilt werden. Die durchaus plausible historische *Beschreibung* der Strafe bei Foucault geht folglich mit einer falschen *Beurteilung* der Strafe einher, die wesentlich auf einem Ausbleiben oder Ausblenden des Urteils basiert. Dieses Ausbleiben eines Urteils beeinflusst dabei die Forschung bezüglich des pädagogischen Strafens seit den 1970er Jahren bis heute.

Um dies zu zeigen wird die Arbeit im Weiteren entlang der folgenden Argumentation verlaufen: Zunächst wird Foucaults Machtbegriff noch einmal einer genaueren Untersuchung unterzogen und dessen metaphysischer Gehalt herausgestellt werden, der zwangsläufig zu einer normativen Enthaltsamkeit führen muss. Im anschließenden Abschnitt wird dann Foucaults Einfluss auf die erziehungswissenschaftliche Forschungsliteratur zum Thema Strafe nachvollzogen. Dabei wird deutlich, dass mit der genealogischen Methode, die oftmals zur (historischen) Analyse der Strafe herangezogen wird, stillschweigend die normative Enthaltsamkeit Foucaults eingekauft wird. Durch die Verbindung des Machtbegriffs mit der erziehungswissenschaftlichen Forschung sowie der real sich vollziehenden Praxis kann schließlich gezeigt werden, wie sich theoretische Tabuisierung, forschende

Enthaltsamkeit und praktische Verdrängung der Strafe miteinander verbinden lassen und so zu ihrer Reproduktion beitragen.

2.2 Der blinde Fleck der Machtontologie: Unzulänglichkeiten der Strafforschung

Die vorangegangene ausführliche Schilderung von Foucaults genalogischer Herangehensweise an das Thema der Strafe war vor allem deshalb notwendig, weil sie die erziehungswissenschaftliche Rezeption und Auseinandersetzung dieses Themas maßgeblich beeinflusst hat. Zugleich ist mit dieser ein bedeutsames Problem verbunden: Sie führt zu einer normativen Enthaltsamkeit in der Strafforschung, verunmöglicht also die Beurteilung der Strafe als schädlicher Praxis. Wie es dazu kommen konnte, soll im folgenden Abschnitt erläutert werden.

Am Beginn dieses Problems steht ein Widerspruch, der sich sowohl durch Foucaults Betrachtung der Strafe in *Überwachen und Strafen* als auch durch sein Gesamtwerk zieht; auf diesen Widerspruch hat am treffendsten Manfred Dahlmann in seiner 2017 veröffentlichten und erweiterten Magisterarbeit unter dem Titel *Das Rätsel der Macht* (1980) aufmerksam gemacht. Dahlmann beschreibt dabei den Widerspruch wie folgt: „Foucault, der jede totalisierende Theorie ablehnt, hat ein ausgearbeitetes Konzept, mit dem Allgemeines und Besonderes konsistent miteinander verknüpft werden kann."[109] Was ist mit diesem Widerspruch, der den Rätselcharakter der Macht ausmacht, gemeint? Wie bereits oben gezeigt wurde, lehnt Foucault metaphysische und ontologische Konzeptionen von Geschichte und Begriffen ab. Seine Schriften wenden sich dabei wesentlich gegen die Idee einer Metaphysik der Geschichte, bei der alle Historie auf einen mehr oder weniger festgelegten Endpunkt zuläuft, wie sie beispielsweise Hegel in seinem Konzept des Weltgeists vorlegt, welcher sich stets hinter dem Rücken der Individuen vollziehe. Zugleich konnte mithilfe der obigen Erläuterung von Foucaults Schriften jedoch nachgewiesen werden, dass die Macht dazu tendiert, sich immer weiter auszubreiten, zu verfeinern und unsichtbarer zu werden. Von der „Unstimmigkeit und Unterschiedlichkeit [...] am geschichtlichen Anfang der Dinge"[110] hin zur allgegenwärtigen, in die Individuen hineinverlagerten gouvernementalen Macht vollzieht sich ein Prozess,

109 Dahlmann, M. (2017). *Das Rätsel der Macht. Michel Foucaults Machtbegriff und die Krise der Revolution*. Freiburg i. Br.: ça ira, S. 77.

110 Vgl. Fußnote 39.

der trotz aller Betonung von Kontingenz und Zufall einem Plan zu folgen scheint.

Ein wesentliches Problem von Foucaults Schriften liegt in der Frage, wie dieser Plan, wie diese Entwicklung erklärt werden kann. Schließlich wehrt er sich vehement und an vielen Stellen seines Werks gegen die Annahme, es sei das Subjekt, das durch seine Handlungen zu den Veränderungen der Macht führe. Dies ist in Foucaults Gedankengang nur folgerichtig, da er einerseits das Transzendentalsubjekt als metaphysische Kategorie ablehnen muss, andererseits betont, dass das Subjekt, wie es in der modernen abendländischen Philosophie gefasst wird, erst durch die Disziplinarmacht hervorgebracht und erkannt wurde: erst in der Prüfung wird der Einzelne erkennbar, erst hier gerät er als Individuum überhaupt in den Blick. Für Foucault scheint es, so wird an mehreren Stellen seiner Schriften deutlich erkennbar, vielmehr die Macht selbst zu sein, die diesen Plan durchsetzt. So schreibt er in *Überwachen und Strafen*, dass die Erfassung aller Verbrechen und Strafen ein „politischer Plan" sei, der durch die „Verfahren der Macht selber"[111] durchgeführt wird, nicht also durch Individuen.

Die Macht, so wird bei einer eingehenden Beschäftigung mit diesem Begriff klar, ist bei Foucault ein sehr diffuser Begriff. Foucault selbst gibt keine konkrete Bestimmung des Machtbegriffs an, er muss vielmehr durch seine verschiedenen Werke hindurch bestimmt und rekonstruiert werden. Mit den Ausführungen im vorangegangenen Abschnitt kann dabei belegt werden, dass die Macht ein sehr komplexes Phänomen ist, das unterschiedlichste andere Phänomene beeinflusst und strukturiert: Disziplin, Wissen, Wahrheit, Subjekt, Körper, Diskurs – sie alle sind von der Macht beeinflusst, keines von ihnen existiert ohne die Macht. Dennoch sind sie alle nicht mit der Macht identisch. Die Disziplin ist ein Mittel der Macht, die Wahrheit, das Wissen und das Subjekt ihre Effekte, der Körper die Struktur, auf die die Macht einwirkt, der Diskurs das Medium, über das sich die Macht in Form von Kämpfen vermittelt. Rekonstruiert man Foucaults Machtbegriff Stück für Stück, so wird deutlich, dass dieser sehr wohl eine Struktur aufweist, mit der er die einzelnen Phänomene zu erklären trachtet. Ihm zufolge ist es „wahr, daß die Macht ‚immer schon da' ist"[112], obwohl sie keinen konkreten Ort hat; Subjekt, Wissen, Wahrheit usw. sind dabei lediglich so genannte Dispositive der Macht, d. h., sie sind „Verfestigungen an sich fließender Machtbeziehungen, die die strategischen Ausgangs- und Ver-

111 Foucault, M. (1977). *Überwachen und Strafen*, S. 129f.

112 Foucault, M. (1978). *Dispositive der Macht. Über Sexualität, Wissen und Wahrheit.* Berlin: Merve, S. 210.

mittlungspunkte zur Durchsetzung von Machtverhältnissen bilden."[113] Die Macht nimmt folglich Einfluss auf all diese Phänomene, genau wie sie die Institutionen des Gefängnisses, der Schule und des Spitals hervorbringt. Es scheint durchaus naheliegend zu sein, dass Foucaults Machtbegriff sehr wohl eine ontologische, wenn nicht gar metaphysische Eigenschaft aufweist: immer schon vorhanden strukturiert die Macht die Geschichte, bringt die Dispositive hervor, wandelt sich selbst auf eine Art und Weise, auf die sie immer umfassender und unsichtbarer wird.

Gegen einen solchen Vorwurf setzt sich Foucault in seinen Schriften vielfach zur Wehr – und doch kann dieser nicht von ihm widerlegt werden. Foucault versucht dabei wesentlich zwischen ‚der Macht' und ‚den Mächten' zu unterscheiden. Während letztere wesentliche Erscheinungsformen konkret annehmen – etwa die Form der pastoralen Macht oder der Disziplinarmacht, wie sie oben beschrieben wurden – handle es sich bei ‚der Macht' lediglich um eine Nominalkonstruktion, also um einen Begriff, der auf kein konkretes Phänomen in der Realität rekurriere. Dies aber ist nur schwer denkbar, wie Dahlmann zeigt: „Wenn Foucault damit meint, dass die Macht nicht als Ereignis, also nicht materiell, sondern nur nominal existiert, so bleibt zumindest offen, wie diese als nur nominale Macht zum Beispiel ein Ereignis konstituieren oder in ihm erscheinen kann."[114] Schließlich beschreibt Foucault in seinem Werk nicht allein, wie die Macht bzw. der Kampf der Mächte die einzelnen Phänomene und Dispositive real hervorbringt, sondern er vergleicht die Mächte auch konkret untereinander, etwa wenn er das Ineinandergreifen von pastoraler und polizeilicher Macht beschreibt oder wenn die Disziplinarmacht als ‚wirksamer' beschrieben wird als die Marter. Ein solcher vergleich ist aber

> „nur möglich, wenn diesen Mächten eine abstrakt-formale Identität unterstellt ist, anhand derer sie verglichen werden können […] Wenn zwei Größen ordinal (bei Foucault als mehr oder weniger ‚mächtig') messbar werden sollen, hat die Forderung an die einzelnen Mächte zu lauten: Es muss in ihnen eine Macht enthalten sein, die sowohl mit sich selbst, als auch mit dem, was in den anderen Mächten gleich ist, identisch ist; diese Identität enthält also mehr als eine bloß nominale Identität."[115]

113 Dahlmann, M. (2017). Das Rätsel der Macht, S. 103.
114 Ebd., S. 258.
115 Ebd., S. 148.

Foucault kann also noch so sehr betonen, er habe keine umfassende Theorie, lehne jegliche Ontologie ab und stütze sich allein auf die konkreten Kämpfe der Macht und deren Resultate – letztlich gelingt es ihm nicht, die einzelnen Mächte als unzusammenhängende zu präsentieren und diese von einer allgemeinen Macht zu trennen.[116]

Nun besteht das Problematische an Foucaults Machtbegriff nicht direkt darin, dass dessen Machtbegriff als metaphysische Kategorie gefasst werden kann. Viel problematischer ist, was durch diese metaphysische Bestimmung verlorengeht: Indem Foucault die Macht gewissermaßen indirekt als Subjekt der Geschichte bestimmt, das „eine starke Vereinfachung dessen [darstellt], was Hegel unter dem Weltgeist versteht"[117], streicht er den Menschen als potentielles Subjekt der Geschichte durch. Dies wird insbesondere in der ‚Anti-Repressionshypothese' deutlich, mit der Foucault die Macht als ausschließlich positives Phänomen bestimmt: „Man muß aufhören, die Wirkungen der Macht immer negativ zu beschreiben, als ob sie nur ‚ausschließen', ‚unterdrücken', ‚verdrängen', ‚zensieren', ‚abstrahieren', ‚maskieren', ‚verschleiern' würde. In Wirklichkeit ist die Macht produktiv; und sie produziert Wirkliches."[118] Mit dieser These verfällt Foucault in eine ihm eigene Art des Positivismus. Die Geschichte kann bei ihm als eine Geschichte von zufälligen Kämpfen zwischen Macht und Gegenmacht begriffen werden, in denen eine gewisse Ausformung der Macht sich für eine unbestimmte Zeit durchsetzt. Zwar ist die Geschichte in dem Sinne kontingent, dass sich die Kämpfe und damit die je vorherrschende Macht ständig verändern können, jedoch existiert nichts außerhalb der Macht. Indem die Macht Wirkliches produziert, sind ihre Resultate rein positiv, auch wenn die Gegenmacht ständig im Begriff ist, die vorherrschende Macht zu negieren. Indem Foucault die Macht als produktiv begreift und zugleich jede Metaphysik ablehnt, kann er „zwischen Wesen und Erscheinung nicht mehr unterscheiden [...]; die Genealogie kennt nur die Logik der Macht, die unmittelbar und direkt als das erscheint, was sie ist."[119]

---

116 Dahlmann verweist im Gespräch mit seinem Herausgeber David Hellbrück auf die implizite Nähe Foucaults zu Heidegger: So wie dieser Macht und Mächte voneinander trennen will, versuchte jener es mit Sein und Seiendem, ohne dabei zu erkennen, dass die absolute Trennung konkreter Phänomene und abstrakter Struktur rein logisch bereits unmöglich ist: „Dem Denken generell ist es unmöglich, Einzelnes zu denken, ohne schon dessen Ganzes zugleich im Kopf zu haben. Und umgekehrt: Das Denken kann nichts Ganzes denken, ohne zugleich von dessen Differenzen (zumindest vorbewusst) zu wissen" (Ebd. S. 30, vgl. auch S. 52f.).

117 Ebd., S. 260.

118 Foucault, M. (1977). *Überwachen und Strafen*, S. 250.

119 Dahlmann, M. (2017). *Das Rätsel der Macht*, S. 205.

Aus der Positivität der Macht ergibt sich auch Foucaults Ablehnung eines klassischen Wahrheitsbegriffs: wahr ist immer nur das, was die Macht als ihren Effekt produziert, was sich also als wahr durchsetzt. Die Macht kann entsprechend nichts ‚falsches' produzieren, da die Begriffe Wahrheit und Falschheit voraussetzen, dass sich eine Erscheinung von ihrem Wesen unterscheidet, um sinnvoll angewendet werden zu können. Mit seiner Ablehnung der Metaphysik geht bei Foucault jedoch zugleich eine Ablehnung einer jeglichen Wesensvorstellung einher: ein kantisches Ding an sich ist für Foucault ein Ding der Unmöglichkeit, da nichts außerhalb der positiven Effekte der Macht existiert. Vielmehr existieren lediglich die realen Kämpfe der Macht, auch „das Unterdrückte, das Negative [erscheint] als positives Produkt der Macht."[120] Die Kämpfe stellen dabei keine tatsächlichen Widersprüche dar. Sie existieren in Folge ihrer Subjektlosigkeit nicht etwa deshalb, weil Individuen versuchen, dem existierenden Falschen eine Wahrheit entgegenzusetzen, sondern sind schlicht wertneutrale Ausprägungen der Macht, die einander gegenüberstehen und lediglich ihre Träger in Form der Subjekte finden. Sie sind Lucius Colletti zufolge deshalb keine Widersprüche, sondern lediglich einander gegenüberstehende Mächte, die sich jedoch nicht außerhalb der abstrakten Macht oder gar gegen diese entfalten könnten. Foucaults positivistische Auffassung der von Macht produzierten Realität verträgt ihm zufolge „keine dialektischen Widersprüche, sondern nur Realoppositionen, Widerstreit von Kräften, Gegenverhältnissen. Und dies sind Gegensätze *ohne Widerspruch*, das heißt Nicht-Widersprüche statt dialektische Widersprüche."[121]

Eine solche Auffassung deckt sich auch mit Foucaults Begriff der Kritik, der zu Beginn des Kapitels bereits kurz angerissen wurde und den Foucault ursprünglich als zweite Seite der Genealogie begriff, bis er ihn in seinem Spätwerk immer mehr in den Begriff der Macht integrierte. In seinem Vortrag *Was ist Kritik?* bezeichnet Foucault die titelgebende Frage als die Frage nach der Möglichkeit danach, „daß man nicht derartig, im Namen dieser Prinzipien da, zu solchen Zwecken und mit solchen Verfahren regiert wird – daß man nicht so und nicht dafür und nicht von denen da regiert wird"[122]. Für Foucault bezieht sich Kritik nicht darauf, Regierung im Sinne eines Ausbruchs aus den Zuständen der Fremdherrschaft zu überwinden, sondern sie ist lediglich die „Kunst, nicht dermaßen beherrscht zu

120 Ebd., S. 208.
121 Colletti, L. (1977). *Marxismus und Dialektik*. Frankfurt/Main: Ullstein. S. 38.
122 Foucault, M. (1992). *Was ist Kritik?* S. 11f.

werden."[123] Dies ist angesichts seines Begriffs der positiven Macht nur folgerichtig, da es gar nicht möglich ist, sich einer Macht zu entziehen, die jegliche Wirklichkeit als ihren Effekt hervorbringt. So betont Foucault auf die Nachfrage eines Zuhörers des besagten Vortrags, ob denn nicht Kritik die Herrschaft abschaffen helfen sollte, noch einmal, dass „der Wille, nicht regiert zu werden immer der Wille [sei,] nicht dermaßen, nicht von denen da, nicht um diesen Preis regiert zu werden."[124] Im Sinne der Macht als einem ständigen Kampf von Einzelmächten und Gegenmächten ist es für Foucault schlicht unmöglich, etwas zu denken, das außerhalb der Macht stehen oder sich ohne ihr Zutun entfalten könnte.

Die normative Enthaltsamkeit der genealogischen Methode, die mit Foucaults Machtbegriff operiert, ergibt sich also aus deren stets geleugnetem metaphysischen Gehalt. Indem Foucault die Macht zum Subjekt der Geschichte erhebt und den Menschen als potentielles Subjekt derselben durchstreicht, ist es ihm unmöglich, die Historie als durch den Menschen geschaffene und folglich auch durch ihn veränderbare zu denken. Vielmehr ‚handelt' in seiner Theorie allein die Macht, wenn auch zufällig und vermittelt durch die Form der Kämpfe und Diskurse der Subjekte. Diese können sich der Macht jedoch nicht entziehen – und damit auch nicht ihrer Wirkung in Form der Disziplinierung. Sie sind dieser gewissermaßen schutzlos ausgeliefert, können durch ihre Kämpfe lediglich die Form der Macht verändern, um nicht ‚mit solchen Verfahren' regiert zu werden – regiert, beherrscht und diszipliniert werden müssen sie jedoch immer.

Nun darf die Kritik an Foucaults Konzept nicht als ein Aufruf zur Rückkehr zu einer metaphysischen Geschichtskonzeption und einer Vorstellung von überzeitlicher Wahrheit führen. Der Nachweis, dass Foucault sich selbst eines metaphysischen Prinzips bedient, kann nicht einfach umgekehrt werden in dem Sinne, dass ein Denken ohne teleologische Geschichtsmetaphysik unmöglich sei. Manfred Dahlmann führt gegen Foucault vielmehr eine Konzeption des dialektischen Materialismus an, der (Geschichts-)Metaphysik und ein simples Wahrheitskonzept ebenso ablehnt wie Foucault selbst dies tut, dessen Fehler jedoch nicht zu wiederholen trachtet. Ebenso falsch wie Foucaults Annahme, dass die Disziplinierung nicht zu überwinden sei, wäre die gerade gegenteilige Annahme eines Fortschrittsoptimismus, die Disziplinierung schaffe sich von selbst ab. Der dialektische Materialismus begreift die Geschichte als eine menschengemachte. Sie ist insofern nicht überzeitlich, da es durchaus die Handlungen der Menschen sind, die sie

123 Ebd., S. 12.
124 Ebd., S. 51.

schaffen und verändern können. Auch wenn es auf den ersten Blick scheint, als wäre zu dieser Vorstellung ein Transzendentalsubjekt notwendig, ist dies nicht richtig: da der dialektische Materialismus durchaus in der Lage ist, zwischen Wesen und Erscheinung zu unterscheiden, kann er annehmen, dass der Mensch *noch nicht* Subjekt der Geschichte ist, da er die Welt nicht als menschliche einrichtet, durchaus aber potentiell zu diesem werden kann. Das Wesen ist dabei keine überzeitliche Wahrheit, die der Mensch irgendwann erreichen wird, sondern ein erst mit konkreten Inhalten zu füllendes Ideal. Dem dialektischen Materialismus geht es nicht darum, positiv zu erfassen, wie die Welt sein soll, sondern in der Kritik und konkreten Negation der aktuell vorherrschenden Verhältnisse zunächst zu erkennen, was *nicht* sein soll, wenn der Mensch ein selbstbestimmtes Wesen werden soll. Die Unterscheidung von Wesen und Erscheinung ist somit lediglich ein gedankliches Konstrukt, das aber notwendig ist, um die Kritik an bestehenden Verhältnissen überhaupt äußern zu können, um überhaupt die Möglichkeit einer Utopie besserer Zustände denken zu können. Diese Möglichkeit macht den Begriff der Ideologie aus: das Falsche „bezieht sich […] in ihm nicht auf etwas schon ‚daseiendes' Richtiges, sondern auf ein Richtiges, das erst praktisch hergestellt werden muss."[125]

Mit einer solchen Auffassung von Geschichtlichkeit und Wahrheit verlieren Foucaults teilweise durchaus materialistischen Analysen inhaltlich nicht an Geltung. Ein großes Verdienst Foucaults besteht gerade in seinen historischen Beobachtungen der Wandlungsformen von Macht und Herrschaft. Lediglich Foucaults Machtbegriff führt zu den oben genannten Problemen, da Foucault die Macht zu einer Metaphysik „gerinnt"[126], wie Dahlmann schreibt. Der Begriff der Gerinnung ist hier äußerst passend, da auch aufgrund der vielen Abwehrversuche Foucaults angenommen werden muss, dass eine solche Metaphysik der Macht von diesem keineswegs intendiert war. Zuzustimmen ist ihm darin, dass Macht- und Herrschaftsgebilde die Weltgesellschaft im Laufe der Historie mehr und mehr durchsetzt haben – abzulehnen ist jedoch das, was Foucault als Ursache dieses Prozesses ausmacht. Es ist nicht die Macht selbst, die sich ständig entfaltet, sondern es sind menschengemachte Prozesse und Tätigkeiten, die zu diesen Effekten führten und die als potentiell veränderbare und aufhebbare gedacht werden müssen. Dahlmann zufolge stellt die Macht einen Fetischbegriff dar, also als ein Phänomen, das sich im Laufe der Zeit verselbständigt hat, das aber als überzeitlich verklärt wird. Die Macht sei folglich „Fetischbegriff, weil sie

125 Dahlmann, M. (2017). *Das Rätsel der Macht*, S. 241.
126 Ebd., S. 292.

als der gesellschaftlichen Reproduktion äußerlich gedacht und nicht als ihr Ausdruck begriffen wird."[127] Stattdessen wäre die Macht als ein historisch entstandenes und sich veränderndes Produkt zu denken, das seinen Ursprung nicht in sich selbst, sondern in den Handlungen der Menschen findet.

Es ist deutlich geworden, dass mit Foucaults Methode der Genealogie sowie mit seinem Machtbegriff Komplikationen verbunden sind, die es unmöglich erscheinen lassen, sich gegen die Macht selbst zu wenden. Sie ist – ebenso wie die ihr eigenen Formen der Disziplinierung – gegen Foucaults Willen als überzeitliches Subjekt der Geschichte konzipiert, aus dem es kein Entrinnen gibt. Den Gegenentwurf zu einer solchen Auffassung stellt der dialektische Materialismus dar, der den Menschen zumindest potentiell als Subjekt seiner eigenen Geschichte begreift und ihm so unterstellt, Macht-, Herrschafts- und Disziplinierungsprozesse ebenso herstellen wie beseitigen zu können. Doch diese Idee ist aus der Erziehungswissenschaft und vor allem aus ihrer Literatur und Forschung zum Thema des Strafens nahezu vollständig verschwunden. Mit der starken Rezeption von Foucaults Thesen geht deshalb die normative Enthaltsamkeit der pädagogischen Strafforschung einher, wie im Folgenden zu belegen ist.

2.3 Strafforschung heute

Während die Erziehungswissenschaft den Thesen Foucaults viele Jahre lang eher ablehnend gegenüberstand, gehören diese heute zu den am häufigsten und intensivsten rezipierten Theoriebausteinen dieser Disziplin. Bis in die 1990er Jahre hinein war Foucault in der Pädagogik lediglich eine ‚Randfigur', da vor allem seine Thesen aus *Überwachen und Strafen* behandelt wurden, wobei seine Methode der Genealogie überwiegend harscher Kritik unterzogen wurde. Interessanterweise wendete sich das Blatt gerade mit der Rezeption von Foucaults Schriften und Vorlesungen zur *Geschichte der Gouvernementalität*, da in diesen mit der Konstituierung des Subjekts ein Kernthema der Pädagogik angesprochen wurde.[128] In einem Überblicksartikel über die pädagogische Rezeption Foucaults weist Nicole Balzer darauf hin, dass es in Folge der deutschsprachigen Publikation der Bände zur

127 Ebd., S. 287.

128 Vgl. Balzer, N. (2014). Rezeption – Pädagogik. In: C. Kammler, R. Parr, & U. J. Schneider (Hrsg.), *Foucault Handbuch – Leben – Werk - Wirkung*. Stuttgart/Weimar: J.B. Metzler, S. 406 sowie Tichy, M. (2017). Bildung nach Foucault. Eine Kritik seiner Rezeption in der Bildungstheorie. *Pädagogische Rundschau 71* (5), S. 523.

Gouvernementalität nicht mehr „nur akzeptiert ist, sich auf ihn zu stützen, sondern dass geradezu von einer Konjunktur gesprochen werden kann."[129] Diese Konjunktur bezog sich mehr und mehr auch auf eine positive Rezeption der Methode der Genealogie, die vor allem im Feld der historischen Erziehungswissenschaft häufig Anwendung fand. Balzer betont, dass Foucault mit seinen Thesen in eine Lücke stieß, die der Pädagogik zu dieser Zeit schmerzlich bewusst wurde: die Frage nach der Möglichkeit des autonomen Subjekts. Foucaults Thesen wurden ihr zufolge gerade deshalb beliebt, weil in ihnen „Bildung und Erziehung *in ihrer Option für Autonomie* einer Kritik unterzogen"[130] wurden. So begann eine ganze Reihe damals wie heute bekannter und viel rezipierter Erziehungswissenschaftler, Foucaults Thesen in eine Bildungstheorie umzumünzen, die in dieser Folge wesentlich zu einer Subjektivierungstheorie wurde. Zu diesen Persönlichkeiten gehören unter anderem Käthe Meyer-Drawe, Ludwig Pongratz, Norbert Ricken, Markus Rieger-Ladich und (in einer kritischen Wendung) Astrid Messerschmidt.

Gerade erstere rezipierten Foucault dabei sehr wohlwollend und in aller Konsequenz: Während Pongratz einer der ersten war, die Foucault überhaupt pädagogisch fruchtbar machen wollten, pocht gerade Meyer-Drawe darauf, das Subjekt nicht ins ‚Jenseits' der Macht auszulagern. Es sei unfraglich, „*daß* Erziehung ein Machtverhältnis bedeutet", weshalb sich analog zu Foucaults Kritikbegriff allein die Frage danach stelle „*ob* die Machtformation so sein muß, *wie* sie sich im Lichte der Foucaultschen Analysen zeigt."[131] Meyer-Drawe überträgt Foucaults Theorie folgerichtig und konsequent in die Pädagogik – und übernimmt dabei auch seinen Fehler, das unfraglich real vorhandene Machtverhältnis in der Pädagogik als ein ontologisches auf Dauer stellen zu müssen. Astrid Messerschmidt hingegen unterzieht genau diesen Punkt einer Kritik. So thematisiert sie, dass mit Foucaults Definition der Kritik als einer ‚Kunst, nicht derartig regiert zu werden' dem negativen Potential der Kritik der Stachel gezogen werde. Foucault werde so „zum Bezugsautor für den Entzug kritischer Positionierungen."[132] Messerschmidt fordert deshalb – und damit geht auch die These dieser Arbeit konform –

129 Balzer, N. (2014). Rezeption-Pädagogik, S. 406.

130 Ebd., S. 409, Hervorhebung i. O.

131 Meyer-Drawe, K. (1996). Versuch einer Archäologie des pädagogischen Blicks. *Zeitschrift für Pädagogik 42* (5), S. 655.

132 Messerschmidt, A. (2007). Von der Kritik der Befreiungen zur Befreiung von Kritik? Erkundungen zu Bildungsprozessen nach Foucault. *Pädagogische Korrespondenz 36* (1), S. 46.

zwar deskriptive wie analytische Momente von Foucaults Genealogie anzuerkennen, diese jedoch nicht als reine Effekte der Macht anzusehen.

Kritische Einschätzungen wie diejenigen Messerschmidts sind jedoch vergleichsweise selten geworden. Insgesamt scheinen die Fürsprecher Foucaults sich in der Erziehungswissenschaft weitestgehend durchgesetzt zu haben. Foucaults Beliebtheit scheint dabei ungebrochen: Eine schnelle Suche nach dem Stichwort ‚Foucault' im Fachportal Pädagogik erzielt 1583 Treffer, während ‚Wilhelm von Humboldt' oder auch ‚Schleiermacher' mit 898 respektive 545 Treffern in den vergangenen Jahren deutlich seltener zum Gegenstand der Fachliteratur geworden zu sein scheinen. Diese wohlwollende Rezeption schließt auch eine weitestgehende Akzeptanz von Begriffen foucaultscher Prägung ein: Diskurs, Subjektivierung, Dispositiv, Macht und Körper sind zu wesentlichen Begriffen der Pädagogik geworden. Im Zuge der Rezeption wurden zugleich die von Foucault in Frage gestellten Begriffe des Subjekts, des Individuums, der Wahrheit und der Autonomie wesentlichen Kritiken unterzogen, sodass die Erziehungswissenschaft ihre ursprünglichen Grundkategorien inzwischen teilweise kategorisch ablehnt oder verwirft, sie zumindest jedoch fraglich hat werden lassen. So resümiert auch Nicole Balzer, dass

> „dieses ‚Fraglichwerden' als einer der wichtigsten ‚Foucault-Effekte' für die Erziehungswissenschaft gelten [kann], führt es doch nicht nur zum Verlust der Illusion, dass Erziehung jenseits von Macht möglich wäre [sic!], sondern eröffnet sich doch mit ihm auch die Möglichkeit, pädagogische Konzepte und Praxen […] anders zu denken."[133]

Die Machtontologie und die damit einhergehende Ausweglosigkeit der Pädagogik, aus einer Machtasymmetrie herauszugelangen, scheinen in die wissenschaftliche Pädagogik voll Einzug gehalten zu haben.[134]

---

133 Balzer, N. (2014). Rezeption – Pädagogik, S. 414.

134 In einer Neuauflage ihres Beitrags zur Rezeption Foucaults in der Pädagogik weist Balzer deutlicher auf deren Schwachstellen hin. So betont sie, dass oftmals übersehen worden sei, dass „in den Analysen selber Diskurse und Dispositive sowie Subjektivierungslogiken bzw. -muster vorrangig als stabile und schematisch rekonstruier- und identifizierbare Einheiten [erscheinen], über die und über deren ‚Wirklichkeit' das forschende Subjekt verfügt." (Balzer, N. (2020). Pädagogik. In Kammler, C., Parr, R., Schneider, U. J. (Hrsg.), *Foucault-Handbuch. Leben – Werk – Wirkung*. 2. Auflage. Stuttgart: Metzler. S. 471). Balzers Kritik richtet sich also zurecht gegen ein Verständnis Foucaults, das dessen Theorie von einem Endpunkt aus deutet, an dem alle Macht bereits geronnen sei. Sie selbst versteht ihn eher als „zentrale[n] Stichwortgeber für eine Disziplin, die sich vor ein ‚Dilemma der Kritik' gestellt sieht, weil ihre ehemals ‚kritisch' gedachten Orientierungen zum Fokus von Machtstrategien geworden sind." (ebd., S. 470f.). Balzer übersieht dabei jedoch, dass Foucaults

Gerade in der Auseinandersetzung mit dem pädagogischen Strafen finden sich wesentliche Anknüpfungspunkte zu Foucault. Dies ist naheliegend, hat dieser doch in *Überwachen und Strafen* wesentliche Abschnitte der Schule sowie der Prüfung gewidmet. Insbesondere der bereits genannte Ludwig Pongratz macht dabei Anleihen an der Methodik der Genealogie, um diese für den schulischen Bereich ausführlich darzulegen.[135] Bereits in einer der frühesten pädagogischen Rezeptionen mit Foucault aus dem Jahre 1989 stellte er dabei fest, dass sich der „kategoriale Rahmen Foucaultscher Diskursanalysen" in der Geschichte der Pädagogik „auf Schritt und Tritt"[136] bestätigen lasse. Anhand historischer Dokumente zeichnet er dabei unterschiedliche Epochen pädagogischen Strafens nach, die sowohl zeitlich als auch inhaltlich mit den von Foucault beschriebenen Disziplinarformen und -mächten kongruent sind. So unterscheidet er ebenso wie Foucault die Marter vom ‚aufgeklärten Strafen' (bei Foucault: Bestrafung), dem disziplinierenden Strafen (Disziplin) und dem ‚panoptischen Strafen'. Aufgeklärtes Strafen zeichne sich dabei wesentlich durch ‚Psycho- und Seelentechniken aus, sie zielen, wie von Foucault beschrieben, auf die Besserung der Seele, fokussieren sich mehr auf positive Sanktionierung und Brechung des Willens als auf körperliche Strafen. Die Disziplinarstrafen zeichnen sich bereits durch unpersönliches Strafen aus: Mit Pestalozzi habe die zeitliche und inhaltliche Einteilung des Unterrichts eingesetzt, ebenso entstehe im 19. Jahrhundert die spezifische Schularchitektur, die Festlegung des Sitzplatzes sowie die Idee des ‚Normalschülers'; Ziel ist der dressierte (unterworfene) Schüler. Auch das panoptische Strafen funktioniert analog zu demjenigen des Gefängnisses: Die Lehrperson überwacht die Klasse, wird dabei als strafende Person zunehmend unsichtbar. Und auch hier überschreitet das Panopticon sich selbst und weitet sein Strafprinzip auf die gesamte Gesellschaft, in der Übertragung auf die gesamte Schule, aus: Gerade der Strafbegriff des NS-Reformpädagogen Peter Petersen setzte nicht auf persona-

---

Theorie durchaus eine gewisse Lückenlosigkeit beansprucht, zwar nicht dahingehend, dass Diskurse und Dispositive unveränderbar wären, sehr wohl aber dahingehend, dass es kein ‚Jenseits der Macht' geben könne. Balzer wiederholt deshalb folgerichtig, dass gerade die Kritik des Autonomiegedankens in der Pädagogik mit Foucault wirkmächtig geworden sei (ebd., S. 466ff.).

135 Vgl. zum folgenden Abschnitt wesentlich Pongratz, L. A. (1995). Freiheit und Zwang. Pädagogische Strafformen im Wandel. In ders. (Hrsg.), *Sammlung. Fundstücke aus 30 Hochschuljahren*. Online abrufbar unter: http://tuprints.ulb.tu-darmstadt.de/2439 [28.05.2021], sowie ders. (2010a). *Sackgassen der Bildung – Pädagogik anders denken*. Paderborn: Schönigh.

136 Pongratz, L. A. (1989). Michel Foucault: Seine Bedeutung für die historische Bildungsforschung. In ders. (Hrsg.), *Sammlung. Fundstücke aus 30 Hochschuljahren*. Online abrufbar unter: http://tuprints.ulb.tu-darmstadt.de/2439 [28.05.2021], S. 107.

les Bestrafen, sondern auf den Zwang der Gruppe, dessen Höchststrafe der Ausschluss aus der Klassen- oder Schulgemeinschaft ist[137], der auch heute noch – inzwischen verrechtlicht – die höchste Strafe im schulischen Kontext darstellt. Während bis ins 19. Jahrhundert hinein die Universitäten und Schulen mit ihrer eigenen Gerichtsbarkeit noch über einen eigenen Kerker, den Karzer, verfügten, wird dieser mit der Totalisierung der Strafmechanismen überflüssig: „Wo das ganze Leben zur Besserungsanstalt wird, kann der Karzer abgeschafft werden.“[138]

Doch nicht allein die genealogische Struktur übernimmt Pongratz von Foucault, sondern auch dessen normative Enthaltsamkeit. Auch wenn der Begriff der Macht bei Pongratz nur am Rande vorkommt, setzt sich dessen foucaultsche Interpretation doch in den von Pongratz beschriebenen Strafformen der Pädagogik fort. So bleibt es für ihn fraglich, ob der Wandel der Strafformen tatsächlich als Fortschritt begriffen werden könne, sei das Strafen doch lediglich „lautloser, nachhaltiger, tiefer“[139] geworden. Gerade in den letzten Jahren sei dabei die Entkörperung der Macht fortgeschritten. Um dies zu belegen, zieht auch Pongratz den Begriff der Gouvernementalität heran. Durch diese sei die Schule wesentlich zu einem Unternehmen geworden, das auf der Idee des lebenslangen Lernens basiere. Diese Idee, die das Subjekt immer nur als Werdendes, nie als Fertiges begreife, trage ihren Teil zur Internalisierung der Strafe bei, da in diesem Sinne immer nur das Subjekt selbst für seinen Lernerfolg verantwortlich gemacht werde. Die Schule helfe somit dabei, ein Subjekt zu produzieren, das wesentlich über Selbsttechniken der Disziplinierung verfüge[140]:

> „Die Lernsituation wird auf diese Weise reorganisiert nach den Prinzipien des ‚Panoptismus‘, wobei das disziplinierende Netzwerk nun nicht mehr über administrative Verfügungen geknüpft wird, sondern vielmehr über flexibel gehandhabte Steuerungsmechanismen des ‚Schullebens‘. Die Individuen rücken auf diese Weise in eine doppelte Position ein: Sie können sich als Subjekte von Prozessen erleben, denen sie dennoch vollständig ausgeliefert bleiben. Diese Doppelstruktur stabilisiert die Fiktion von Autonomie. Die Disziplinarmacht hingegen wird anonym und unangreifbar. Sie unterwandert gleichsam die Lebensvollzüge

137 Vgl. Petersen, P. (1937). *Führungslehre des Unterrichts*. Langensalza: Beltz, S. 47.
138 Pongratz, L. A. (1995). Freiheit und Zwang, S. 185.
139 Ebd., S. 186.
140 Vgl. Pongratz, L. A. (2010b). Einstimmung in die Kontrollgesellschaft. Der Trainingsraum als gouvernementale Strafpraxis. *Pädagogische Korrespondenz 41*, S. 66ff.

der ‚Schulgemeinschaften', ohne sich jemals eindeutig fixieren und lokalisieren zu lassen."[141]

Zweifelsohne haben Pongratz' Feststellungen eine gewisse Berechtigung. So ist es ihm hoch anzurechnen, augenfällige Parallelen in der Entwicklung des schulischen und gesellschaftlichen Strafen aufzuzeigen. Dennoch sollte und muss bezweifelt werden, ob diese Parallelen tatsächlich so bruchlos sich darstellen, wie Pongratz es beschreibt.[142] Ebenso kann Pongratz keine befriedigende Antwort auf die Frage geben, *weshalb* sich die Strafen in der von ihm beschriebenen Weise auch in der Schule wandeln. In den Texten, die sich der Frage des pädagogischen Strafens direkt widmen verweist er weniger auf die Macht als auf eine Ideengeschichte der Pädagogik: Die Aufklärung sei für die Strafmilderung verantwortlich, der Neoliberalismus für das gouvernementale Strafen. Damit steht Pongratz einerseits den Thesen Foucaults diametral entgegen, indem er ein Subjekt der Geschichte auszumachen versucht – zugleich aber stehen für ihn die Ideen und nicht deren Vollzug durch real tätige Individuen im Vordergrund. Letztlich verfällt Pongratz dennoch der Foucaultschen These, nach der sich auch in der Verhandlung schulischen Strafens immer nur Macht und Gegenmacht – meist in Form der Pauk- und Drill- respektive der Reformpädagogik – gegenüberstehen. So fasst Pongratz abschließend zusammen:

> „– Angesichts des Wandels pädagogischer Strafformen werden die einen mit guten Gründen darauf insistieren, dass ein Fortschritt zum Besseren stattgefunden habe – und sie haben Recht: es gibt keinen Grund die Zeiten der Drill- und Prügelpädagogik zurück zu wünschen.
>
> – Die anderen werden dagegen halten, dass die Tarnkappe allgegenwärtiger Regulierung und Kontrolle nur die real fortdauernde Fremdbestimmung verschleiere – und sie haben Recht: die neuen Sanktionsmechanismen funktionieren zumeist lautloser, nachhaltiger, tiefer."[143]

---

141 Pongratz, L. A. (1995). Freiheit und Zwang, S. 156.

142 Ein Beispiel hierfür dürfte das hartnäckige Fortleben gewisser Formen der Körperstrafe bis hin zur Marter in der (schulischen) Erziehung darstellen, die sich darin ausdrücken, dass das Züchtigungsrecht in den Schulen bis 1973 bzw. in Bayern bis 1983 bestand, das elterliche Züchtigungsrecht gar bis zum Jahr 2000 und in gewissen Einschränkungen noch immer fortbesteht. Schulöffentliche Bestrafungen, die die von Foucault der Marter zugeschriebenen Merkmale aufweisen, waren dabei in der Erziehung die Regel, während sie in der juristisch-gesellschaftlichen Praxis längst verpönt und abgeschafft worden waren. Es wäre lohnenswert, zu untersuchen, weshalb sich diese gesellschaftlichen Prozesse in der Schule erst wesentlich später zu vollziehen scheinen als andernorts.

143 Pongratz, L. A. (2010a). *Sackgassen der Bildung*, S. 202f.

Obwohl zweifelsohne richtig ist, dass die Strafe mit ihrer Veränderung und ‚Humanisierung' nicht abgeschafft wurde, gelingt es Pongratz doch nicht, den qualitativen Unterschied zwischen der Marter und dem gouvernementalen Strafen als einen Unterschied ums Ganze zu betrachten. Für ihn stellen beide Formen lediglich unterschiedliche Ausformungen derselben Disziplinarmacht dar, die ihre jeweiligen Vor- und Nachteile haben. Der Nachteil der Drill- und Paukpädagogik besteht in ihrer Härte, der Vorteil in ihrem personalen Ausdruck und damit der offensichtlicheren Möglichkeit zum Widerstand, während es sich bei der Reformpädagogik umgekehrt verhält. Pongratz kann die strukturelle Gewalt der Pädagogik nicht vollends ablehnen und deren Überwindung fordern, da er sie letztlich als immanenten und ewiggültigen Widerspruch der Pädagogik begreift. Im Problem der Strafe trete „der ganze *Widerspruch moderner Pädagogik* ans Licht"[144], der nicht lösbar sei, sondern in dem immer nur „der *Umschlag von ‚Lösungen' in ‚Probleme'* (und umgekehrt)"[145] erfolge.

Ähnlich wie Pongratz beschäftigte auch Friedrich Thiemann das Problem des Strafwandels in der Schule bereits früh. In seinem Werk *Schulszenen* setzte er sich schon 1985 mit den Parallelen gesellschaftlichen und schulischen Strafens auseinander, ohne dabei explizit auf Foucault zu verweisen. Dies scheint allerdings weniger dem Umstand geschuldet, dass Thiemann Foucaults Werk nicht gekannt hätte (dazu sind die Übereinstimmungen in der Analyse zu frappierend) als vielmehr der Tatsache, dass sich Thiemann in für heutige wissenschaftliche Standards undenkbarer Weise gegen den Zitations- und Belegzwang derselben wehrt. Auch er beginnt seine Analyse mit der Feststellung, dass das Verschwinden der „alten Exekutionsformen der Schul-Herrschaft" nicht bedeute, „daß sie selber sich auflöst. Es gibt neue, andere Formen, in denen sie erscheint."[146] Strafe sei nach wie vor das Mittel der Wahl, um den Körper als Fläche zur Durchsetzung der Herrschaft zu missbrauchen. „Normal ist, daß ihre Zustimmung [die der Schüler, S. G.] gewaltförmig herbeigeführt wird."[147] Analog zu Foucault betrachtet Thiemann den Strafwandel in der Schule wesentlich in drei Schritten. Von der offenen und personalen Strafe vom Katheder aus werde diese immer anonymer, erst in Form der ‚leisen Kontrolle und Strafe', schließlich in der (zur Gouvernementalität analogen) Form der Normalisierung und der Hilfe. Mit dem schleichenden Wegfall der Körperstrafe wür-

144 Pongratz, L. A. (1995). Freiheit und Zwang, S. 174, Hervorhebung i. O.
145 Pongratz, L. A. (2010a). *Sackgassen der Bildung*, S. 182, Hervorhebung i. O.
146 Thiemann, F. (1985). *Schulszenen. Vom Herrschen und Leiden*. Frankfurt/Main: Suhrkamp, S. 9.
147 Ebd., S. 17.

den andere Mittel notwendig, um die Unterwerfung der Schülerschaft sicherzustellen: Die kontrollierte Lehrstimme, die unablässige Bewegung der Lehrperson im Raum, die ‚gewaltlosen Blicke', vor allem aber die Prüfung stellen Thiemann zufolge die Mittel der Kontrolle dar. Zu Thiemanns eigener Schulzeit war gerade die Prüfung zu Beginn einer jeden Schulstunde an der Tafel das gängige Mittel zur Herrschaftskonstitution der Lehrperson im Klassenraum. Falsche Antworten des Prüflings zogen Strafen und Demütigungen nach sich, nicht nur durch die Lehrperson selbst, sondern ebenso durch die Mitschüler. Die Prüfung stelle somit ein Ritual der Unterwerfung dar, in dem Kontrolle und Sichtbarkeit des Schülers am deutlichsten zu Tage träten. Diese Prüfungsform werde schließlich durch die Allgegenwart der pseudosokratischen Methode ersetzt, das Frage-Antwort-Spiel im Unterricht weite die Kontrolle auf alle Schüler aus, deren Wissen dabei permanent gemessen und beurteilt werde.[148]

Ebenso stellt für Thiemann der Körper das wesentliche Mittel dar, in dem die Disziplinarmacht wirksam werde. Anhand von Protokollen der von ihm unterrichteten Lehramtsanwärter, in denen diese ihre eigenen Erfahrungen als Schüler schildern, stellt Thiemann die Auswirkungen der Strafe und Kontrolle auf deren Körper fest: Zittern, Lähmung, Krampf und Schweißausbruch sind körperliche Reaktionen auf die Prüfung und ihre Kontrolle. Mit der Abkehr von der Marter hin zu einer Disziplinierung der Seele in Form der Besserung träten zudem Verhöhnung und Scham als Mittel der Strafe in den Vordergrund, die neben der Normalisierung auch die psychische Krankheit hervorbrächten, die nicht allein „pure Negation" sei, sondern „der positive Versuch zu leben, auszubrechen"[149]. Auch Thiemann stellt also eine Entpersonalisierung der Strafe fest:

> „In dem Maß, in dem die Schul-Herrschaft sich anonymisiert, von Personen sich ablöst und nur in Andeutung, in den leisen, mehrdeutigen Formen der Körpersprache als Relikt übrigbleibt, zerreißt der Zusammenhang im Bewußtsein. Die Schüler leiden noch. Doch können sie den Zusammenhang nicht mehr herstellen."[150]

Auch bei Thiemann scheint der Ausbruch der Pädagogik aus der Strafe unmöglich. Obwohl er die Strafe zweifelsohne als unpädagogisches Mittel ablehnt, erscheint ihm ihre Abschaffung als im schlechten Sinne utopisch. Macht und Gegenmacht sind auch bei Thiemann präsent: Der Macht der

148 Vgl. v.a. ebd., S. 89ff.
149 Ebd., S. 87.
150 Ebd., S. 81.

Lehrpersonen stellt sich dabei die Gegenmacht in Form nicht nur der Verweigerung und der Psychose, sondern auch der Rebellion entgegen. Diese stelle sich jedoch immer wieder als „Rebellion, die scheitern muß“[151] heraus, denn: „Was an den offenen Ausbrüchen im Klassenzimmer integrationsfähig ist, wird aufgenommen. Der Rest wird ausgesperrt.“[152] Schließlich habe

> „der Ausbruch, die massenhaft organisierte Illusion der Befreiung, [...] den Aufstand überfällig gemacht. Er ist Sache nur noch von Minderheiten. Wo er sich regt, stürzt sich ein Heer von Sozialarbeitern, Pädagogen und Psychologen auf ihn, um die, die ihn tragen, zu befrieden. So rasch wie möglich.“[153]

Der Impetus bei Thiemann ist deutlich: Strafe soll nicht sein. In der Betrachtung konkreter Erfahrungen konkreter Individuen gelingt es ihm, die problematischen Konsequenzen der Disziplinarmechanismen zu schildern. Er beschreibt die Disziplinarmacht, die auch bei ihm einen unpersönlichen, nicht-menschengemachten Formwandel durchmacht, nicht als reine Positivität, sondern stellt mehr noch als Foucault die Herrschaft als nicht-sein-sollende dar. Dennoch gelingt es Thiemann nicht, ihre radikale Abschaffung zu fordern. Auch er begreift die Wandlungsformen der Macht lediglich als Resultate von Kämpfen einer Macht und ihrer Gegenmacht in Form der Lehrpersonen und ihrer Schüler. Doch die Gegenmacht scheint bereits auf verlorenem Posten: Ihre Widerstände sind nur allzu gut in die Macht integrierbar. So bleibt Thiemann einem Selbstwiderspruch verhaftet, den er selbst nicht darstellen kann; er fordert die Abschaffung der Strafe, kann den Prozess dahin jedoch lediglich als Disziplinierung der Disziplinierenden fassen – Strafe kann abgeschwächt erscheinen, ihr kann Widerstand entgegengesetzt werden, restlos aus dem pädagogischen Verhältnis gestrichen werden kann sie jedoch nicht.

Doch nicht allein in der pädagogischen Forschung in unmittelbarem zeitlichen Anschluss an Foucault werden dessen Thesen mitsamt ihrer normativen Enthaltsamkeit oder Ausweglosigkeit übernommen. Auch in jüngeren Untersuchungen und Studien werden sie reproduziert – oftmals wesentlich ungebrochener als etwa bei Pongratz oder Thiemann, die Foucaults Thesen zumindest teilweise kritisch adaptieren; Pongratz, indem er immerhin ein Subjekt kennt, Thiemann, indem er die Negation der Strafpraxis in

151 Ebd., S. 88.
152 Ebd., S. 123.
153 Ebd., S. 126.

Gänze zu betreiben versucht, damit jedoch scheitern muss. Ein deutliches Beispiel für diese ungebrochene Rezeption bildet Roland Reichenbachs Aufsatz *Kaschierte Dominanz* aus dem Jahr 2007. Auch Reichenbach stellt, darin Pongratz wie Thiemann ähnlich, die Parallelen zwischen dem gesellschaftlichen und dem schulischen Strafwandel fest. Im Gegensatz zu diesen bezieht er sich jedoch unmittelbar auf Foucaults Machtbegriff[154]: Die Macht sei es, die in den vergangenen Jahrzehnten anonymer und horizontaler geworden sei. Für Reichenbach steht dennoch fest, dass pädagogischen Beziehungen eine Machtasymmetrie quasi ontologisch innewohnt, da in ihnen eine Person auf die andere einzuwirken trachte. Der Erzieher sei dabei dem Zögling in der Entwicklung immer einen Schritt voraus im Sinne einer relativ gesehen größeren Autonomie; Machtsymmetrie sei lediglich unter gleich freien Individuen möglich, weshalb pädagogische Beziehungen stets asymmetrische seien. Reichenbach stellt deshalb auch die Vorstellung von der „freiwilligen Folgsamkeit“[155] des Kindes aus Einsicht in die Sinnhaftigkeit des pädagogischen Verhältnisses zur Disposition. Das Kind könne diese nicht von blindem Gehorsam unterscheiden. Das pädagogische Verhältnis bestehe deshalb quasi konstitutiv aus einer dominanten und einer inferioren Position, die jedes „vernünftige Erziehungs- und Unterrichtskonzept“[156] ausmache. Aufgrund dieses unaufhebbaren Machtverhältnisses stelle jeder Versuch von dessen Aufhebung lediglich eine Kaschierung dar: „Der Versuch, die Erwartungen an die Rolle der Autorität zu umgehen und scheinbar progressiv die Verantwortung für die Entwicklung und das Lernen des Kindes diesem selbst zuzuschieben […] ist weder pädagogisch fortschrittlich, noch psychologisch realistisch, noch auch moralisch edel. Es handelt sich um den Versuch, pädagogische Autorität zu verschleiern.“[157] Wohlgemerkt bezieht sich Reichenbach hiermit nicht allein auf das Scheitern antiautoritärer Pädagogik in ihrem Anspruch, die Autorität innerpädagogisch abzuschaffen; ausgehend von diesem Scheitern versucht Reichenbach vielmehr die Unmöglichkeit der Abschaffung einer pädagogischen Disziplinierung –

154 Interessanterweise wie Thiemann, ohne den Namen des französischen Meisterdenkers zu nennen. Seine Bezüge auf ihn sind jedoch unverkennbar: Macht sei relational, ihre Positivität werde unterschätzt, Macht wird als Eigenschaft nicht von Personen, sondern von Beziehungen gedacht etc. Das Beispiel ist exemplarisch dafür, wie sehr Foucault die deutschsprachige Debatte prägt, ohne noch expressis verbis in ihr aufzutauchen.

155 Reichenbach, R. (2007). Kaschierte Dominanz – leichte Unterwerfung. Bemerkungen zur Subtilisierung der pädagogischen Autorität. *Zeitschrift für Pädagogik 53* (5), S. 654.

156 Ebd., S. 655.

157 Ebd., S. 658.

hier unter dem Begriff der Autorität auftauchend – nachzuweisen. Auch er begeht hierbei den fatalen Fehler, die Macht als eine ontologische Beziehung zu begreifen, die den intersubjektiven Verhaltensweisen stets eingeschrieben sei. Die durchaus korrekte Feststellung, dass jeder bisherige Versuch, die Asymmetrie der pädagogischen Beziehung vollends abzuschaffen, gescheitert ist, mutiert in Verbindung mit der Machtontologie Foucaults zum Beweis dafür, dass auch jeder zukünftige Versuch scheitern müsse. Wie Foucault kann Reichenbach aufgrund der Produktivität der Macht nicht deren Negation und somit auch keine außerhalb der Macht liegende Utopie auch nur ansatzweise denken. Reichenbach übertrifft Foucault in seinen Konsequenzen sogar noch, scheint bei ihm nicht nur die Macht selbst, sondern gar das Verhältnis von Macht und Gegenmacht noch starrer zu sein als bei dessen Vordenker: Im pädagogischen Verhältnis liegt der Machtüberschuss immer beim Pädagogen, Widerstand ist zwecklos.[158]

Nicole Balzers bereits zitiertes Diktum, demzufolge gerade der Begriff der Gouvernementalität sich in der Erziehungswissenschaft als anschlussfähig erwies, trifft auch auf die Strafforschung zu. Zwei bedeutende Beispiele hierfür finden sich in Agnieszka Dzierzbickas Buch *Vereinbaren statt anordnen* (2007) sowie in Ulrich Bröcklings Aufsatz zum schulischen Kontraktualismus in dessen Essayband *Gute Hirten führen sanft* (2017), deren Titel jeweils bereits auf Foucaults Gouvernementalitätsbegriff verweisen. Ihnen ist gemeinsam, dass sie das Wiedererstarken des Vertrags als nur vermeintlich selbstgewählten und freien Zusammenschluss der Individuen kritisieren, in dem sich in Wahrheit die Disziplinierung als Selbsttechnik ausdrückt. Dzierzbicka zufolge zeichnet sich der Vertrag hierbei dadurch aus, dass dem Einzelnen die Verantwortung für sein Schicksal übertragen werde. Im Eingehen des Vertragsverhältnisses agiere das Individuum als vermeintlich freies, da es den Vertrag aus seinem eigenen freien Interesse heraus schließe oder eben nicht schließe. Entsprechend werde durch das Vertragsverhältnis die Anordnung in Form der Disziplinierung überflüssig und durch den positiven Anreiz zur Selbstdisziplinierung ersetzt, worauf Dzierzbicka mit eindeutigem Verweis auf Foucault aufmerksam macht:

> „Nicht länger gilt es mit Hilfe von öffentlichen Institutionen wie Schule, für manche Kaserne, fallweise Krankenhaus und unter Umständen Gefängnis gehorsame, disziplinierte und normierte, jedenfalls fleißige Bürger herzustellen, sondern das Individuum […], das sich durch Flexi-

158 Vgl. ebd., S. 652ff.

> bilität, Mobilität, Engagement und Selbstorganisation wie auch -verantwortung auszeichnen soll, gewähren zu lassen."[159]

In ihrer Analyse der österreichischen Schul- und Hochschulkultur kommt Dzierzbicka zu dem Schluss, dass das Bildungsverhältnis im Neoliberalismus immer mehr zu einem Vertragsverhältnis geworden sei, in dem die Eigenverantwortung und Freiheit des Individuums betont und imaginiert werde. Das pädagogische Verhältnis werde zunehmend als ein solches der Partnerschaft vorgestellt, in dem ‚Erziehungsvereinbarungen' klassische Maßnahmen der Disziplinierung ersetzen, auch Eltern und nichtpädagogisches Personal sowie der Schulträger werden dabei als ‚Schulpartner' bezeichnet. Die Schule wird als ein ‚Angebot' dargestellt, obwohl zugleich die Schulpflicht herrscht. Dzierzbicka betont, dass Erziehung kein ‚Verhandlungsgegenstand' sei, da auch sie ein verschleiertes Machtgefälle in der Pädagogik feststellt: Während die Lehrpersonen zumeist den Vertrag – etwa in Form einer Lernzielvereinbarung, einer Hausordnung oder der Klassenregeln – aufstellen, bleibt den Schülern allein, diesen zu unterzeichnen; die Verweigerung der Unterzeichnung führt zum Ausschluss aus der Klassengemeinschaft.[160]

Während Dzierzbicka die „Partnerschaftslüge"[161] in der schulischen Pädagogik deutlich als solche entlarvt und auf die real existierenden Machtgefälle innerhalb der Schulgebäude hinweist, besteht auch für sie die Lösung dieses Problems nicht in deren Aufhebung. Sie fordert vielmehr dazu auf, die Machtverhältnisse unverschleiert zu Tage treten zu lassen, um diesen mit einer Art von Gegenmacht begegnen zu können: „Die Ungleichheit hingegen, die pädagogischen Verhältnissen zugrunde liegt, ist eine Ungleichheit, die aus einer professionstheoretischen Perspektive im Wissen und in der Haltung besteht und sich gerade dadurch auszeichnet, dass sie ausgewiesen und nicht verschleiert wird."[162] Das pädagogische Machtgefälle wird somit einerseits als ein natürlich vorhandenes ausgewiesen, das andererseits stets sichtbar gemacht werden solle, um der Anonymisierung und Entpersonalisierung der Macht entgegenwirken zu können. So werden die Disziplinierungen zumindest verhandelbar, sodass Dzierzbicka in Anlehnung an Foucaults Kritikbegriff auf der letzten Seite ihres Buches die Aufgabe der

---

159 Dzierzbicka, A. (2006). *Vereinbaren statt Anordnen. Neoliberale Gouvernementalität macht Schule.* Wien: Löcker, S. 12.

160 Vgl. ebd., S. 202ff. sowie S. 226ff.

161 Ebd., S. 231 in Anlehnung an Schirlbauer, A. (2005). *Die Moralpredigt. Destruktive Beiträge zur Pädagogik und Bildungspolitik.* Wien: Sonderzahl.

162 Dzierzbicka, A. (2006). *Vereinbaren statt Anordnen,* S. 241.

Disziplinierungskritik folgerichtig formuliert: „Aus einer gouvernementalitätstheoretischen Perspektive muss auch in einer Vereinbarungsgesellschaft die so wichtige Frage gestellt werden können: ‚Wie nicht dermaßen regiert werden?‘“[163].

Auch Ulrich Bröckling kritisiert in seinem Aufsatz *Kontraktpädagogik. Wir müssen immer tun, was wir wollen*, erschienen in dessen Buch *Gute Hirten führen sanft* (2017) die Zunahme des Kontraktualismus im Schulwesen als Ausprägung gouvernementaler Macht. In der paradoxalen Wendung antiautoritär erzogener Kinder ‚Wir müssen immer tun, was wir wollen‘ sieht Bröckling das Dilemma antiautoritärer Pädagogik ausgedrückt: Auch in dieser Form der pädagogischen Praxis sollen die Kinder zur Einsicht in die Vernunft gelangen, das tun zu wollen, was sie der Vernunft gemäß tun müssen. Vorrangig am Beispiel von Thomas Gordons Ratgeber *Familienkonferenz* (2012)[164] kritisiert Bröckling dabei die Anonymisierung und Entpersonalisierung der Macht. Eltern sollten diesem Zufolge auf Lob und Tadel, aber auch auf Beruhigung und Trost in der Erziehung ihrer Kinder verzichten und stattdessen aktives Zuhören und das Senden von Ich-Botschaften praktizieren. Die Verweigerung des Kindes werde aufgrund der subtilen Sanftheit dieses Vorgehens, das das Einvernehmen zwischen Kindern und Eltern als ‚Erziehungspartnern‘ stets unausgesprochen voraussetzt, verunmöglicht:

> „Die Suggestion einer herrschaftsfreien, symmetrischen Beziehung, welche die Techniken des aktiven Zuhörens und der Ich-Botschaften erzeugten, machte zudem unsichtbar, dass die Eltern ihre Macht über die Kinder ausweiteten, indem sie die Techniken beherrschten und mit ihnen den Nachwuchs auf sanfte, aber umso wirksamere Weise führten.“[165]

Bröckling weist die Kontrakt- und Konsenspädagogik analog zu Reichenbach also als eine gouvernementale Machttechnik der Eltern gegenüber den Kindern aus, die eine Pädagogik auf Augenhöhe lediglich vortäusche. Gerade in dem Problem, dass freie Verträge auch freie Vertragspartner voraussetzen, diese Gleichheit der Vertragspartner im pädagogischen Verhältnis jedoch nicht gegeben sei, liege das Problem der Kontraktpädagogik. Dabei verschiebe sich die Macht der Pädagogen von der Durchsetzung einer

163 Ebd., S. 246.

164 Vgl. Gordon, T. (2012). *Familienkonferenz. Die Lösung von Konflikten zwischen Eltern und Kind.* München: Heyne.

165 Bröckling, U. (2017). *Gute Hirten führen sanft*, S. 236.

Verhaltensnorm auf die Durchsetzung der Verhandlungsregeln.[166] Doch auch Bröcklings Kritik wendet sich nicht gegen das Machtverhältnis als zu überwindendes, sondern lediglich gegen die Ausweitung der gouvernementalen Macht auf der einen Seite, die zu einer Verunmöglichung von Gegenmacht auf der anderen Seite führe und somit die Macht in ein Missverhältnis zwänge. So besteht die Kritik der „kontraktualistischen Vernunft" für ihn folgerichtig nicht in der Frage, wie das Machtverhältnis in der Pädagogik zu beseitigen wäre, sondern allein darin, „an diesem Paradox einer fremdbestimmten Selbstbestimmung anzusetzen und die historischen Bedingungen seiner Möglichkeit herauszupräparieren"[167], also erneut durch eine genealogische Methode die Verschiebungen im Machtverhältnis kenntlich zu machen und dadurch die Entstehung von Gegenmacht wieder unter bessere Ermöglichungsbedingungen zu stellen.

Von den bisher vorgestellten Forschungsarbeiten unterscheidet sich schließlich diejenige von Sophia Richter (2018, 2019) deutlich. Während bisher von überwiegend historiographischen (Pongratz/Dzierzbicka) und im weitesten Sinne hermeneutischen (Thiemann, Reichenbach, Bröckling) Studien die Rede war, legt Richter mit ihrer umfassenden Analyse eine für die deutschsprachige Erziehungswissenschaft bisher einzigartige qualitativ-empirische Analyse schulischen Strafens vor. Im zweiten Teil ihrer Dissertation, die den Titel *Pädagogische Strafen in der Schule. Eine ethnographische Analyse* (2019) trägt, untersucht Richter über mehrere Monate hinweg die alltägliche Disziplinierung durch eine teilnehmende Beobachtung an zwei Integrierten Gesamtschulen im Rhein-Main-Gebiet. Während über die Beobachtungen, die Richter in dieser Feldstudie anstellt, im folgenden Kapitel noch viel zu sagen sein wird, soll hier zunächst die forschungstheoretische Rahmung der Studie im Vordergrund stehen.

Bereits im ersten Teil ihrer Studie, die vorwiegend die erziehungswissenschaftliche Literatur zum Thema Strafen untersucht, bezieht sich Richter explizit auf Foucault. Dessen analytischem Werkzeug folgend möchte sie in ihrer Analyse des Straf- sowie des Disziplinbegriffs keine Begriffsgeschichte schreiben, sondern die „komplementären Positionen sowie daraus hervorgehende Transformationen"[168] zwischen den einzelnen historischen Begriffsdefinitionen beschreiben. Sie begibt sich damit deutlich in das Feld der Diskursanalyse, indem sie untersucht, wie sich die jeweiligen Begriffe durchdringen, einander kritisieren und schließlich teilweise ablösen. We-

166 Vgl. ebd., S. 239.
167 Ebd., S. 239.
168 Richter, S. (2018). *Pädagogische Strafen*, S. 18.

sentlich ist auch Richter die Relationalität der Macht. Sie beschreibt, dass die Disziplinarmacht in Form der Strafe nicht allein durch die Lehrpersonen den Schülern aufgedrückt wird, sondern dass es sich dabei um einen Ver- und Aushandlungsprozess handle, der als „ein breites Feld an relationalen Bezügen und Kontextualisierungen rund um Strafen“[169] beschrieben werden kann. Wenig überraschend stellt Richter in dieser begriffsanalytischen Studie fest, dass das „Verhältnis von Strafe und Erziehung sich demnach nicht eindeutig bestimmen [lässt]“[170]. Ein ‚Wesen‘ der Strafe ist ihr zufolge aufgrund der verschiedenen subjektiven Betrachtungsweisen auf dieselbe nicht auszumachen, da unterschiedliche Definitionen, Akteure und Sichtweisen auf dieses Phänomen zu unterschiedlichen, teilweise widersprüchlichen Begriffen der Strafe führen. Ohne dies deutlich zu machen, begreift Richter Strafe damit als ein Sprachspiel im Sinne Wittgensteins[171], das eine einheitliche Funktion oder Definition der Strafe unmöglich erscheinen lässt.

Diese Einschätzung von Strafe als einer diskursiv wie performativ hervorgebrachten Realität übernimmt Richter auch in ihre empirische Analyse des Unterrichts. Ihr

> „Ziel ist die Beschreibung situativ hergestellter, komplexer und konstruierter schulischer Wirklichkeit anhand der Analyse täglicher Handlungsroutinen und Wissensbestände, kultureller Praktiken und Interaktionen, subjektiver Wahrnehmungsmuster und Bewältigungsstrategien der schulischen Akteure.“[172]

Ein solches Forschungsvorhaben schließt bereits implizit die Forderung nach einer normativen Enthaltsamkeit ein: Strafe kann nicht pauschal verurteilt werden, wenn ihre Herstellung und Wirkung stets von den subjektiven Eindrücken und Handlungen der an ihr Beteiligten abhängig ist. Obwohl Richter durchaus den immanenten Widerspruch pädagogischen Strafens zu erfassen in der Lage ist, wenn sie fragt, „inwieweit die im Regelwerk Schule eingelassenen homogenisierenden Vorstellungen mit der Anforderung von Autonomie und Selbständigkeit eines jeden Kindes zu vereinbaren sind“[173], versucht sie selbst nicht, diesen Konflikt zu lösen, sondern gibt lediglich die Strategien der von ihr interviewten Lehrpersonen wieder, mit diesem moralischen Dilemma umzugehen und das eigene Handeln zu legi-

169 Ebd., S. 15.

170 Ebd., S. 174.

171 Vgl. Wittgenstein, L. (2003). *Philosophische Untersuchungen*. Frankfurt/Main: Suhrkamp.

172 Richter, S. (2019). *Pädagogische Strafen in der Schule,* S. 33.

173 Ebd., S. 263.

timieren. Den Begriff der Homogenisierung verwendet sie hierbei analog zu Foucaults Begriff der Normalisierung, ohne diesen jedoch – im Gegensatz zu Foucault – als eine genuine Funktion der Strafe zu bezeichnen, da dies mit ihrem Begriff von Strafe als reinem Sprachspiel nicht vereinbar wäre. Ihre normative Enthaltsamkeit als Forscherin schlägt sich deshalb auch im Fazit ihrer empirischen Studie nieder, welches besagt, dass die intersubjektive Konstruktion von Strafe weder von der Forschung, noch von der Praxis gelöst werden könne:

> „Jeder Versuch der Lösung führt zu einer Verlagerung der Probleme. [...] Die Paradoxie von reaktivem Disziplinieren und pädagogischem Handeln lässt sich weder von erziehungswissenschaftlicher Seite, noch durch das Handeln der Lehrkräfte lösen, sondern ausschließlich zum Gegenstand der Reflexion machen.“[174]

Mit diesem Fazit macht Richter mehrerlei deutlich: Erstens zeigt sich, wie ihr Forschungsansatz, der Strafe als Diskurs- und Performanzpraxis begreift, sich selbst ohne es zu wissen das Postulat normativer Enthaltsamkeit aufdrückt: Wo kein ‚Wesen‘ der Strafe besteht – nicht einmal das Negative der Homogenisierung – sondern allein dessen reine Positivität, ist auch kein normatives Urteil erlaubt. Aus demselben Grund kann zweitens auch die Praxis das Problem der Strafe nicht lösen, da sie es selbst gleichsam aus sich heraus immer wieder hervorbringt. Es bestehe folglich drittens lediglich die Möglichkeit der Reflexion des eigenen Handelns, wobei sich die Frage stellen lässt, wohin diese Reflexion überhaupt führen soll. Wenn das eigene Handeln durch die Reflexion nicht so gestaltet werden kann, dass der Widerspruch von Disziplinierung und pädagogischem Handeln gelöst werden, Strafe also aus dem pädagogischen Kontext verbannt werden kann, bleibt erneut nur die Möglichkeit, Reflexion als Mittel zu nutzen, nicht ‚so sehr‘ beherrscht zu werden bzw. in diesem Falle zu beherrschen. Auch Richter begreift den Sinn der Strafkritik entsprechend letztlich als Aufforderung zur Reflexion, nicht aber zur Abschaffung von Macht innerhalb des pädagogischen Verhältnisses.

Anhand einer Fülle erziehungswissenschaftlicher Forschungsliteratur aus den vergangenen fünf Jahrzehnten konnte in diesem Abschnitt gezeigt werden, dass Foucaults Ansätze sowohl der Genealogie als auch der Gouvernementalität massive Auswirkungen auf die pädagogische Strafforschung hatten und haben. Dabei wurde erstens deutlich, dass sich der Einfluss Foucaults nicht auf einzelne marginale Studien zum Thema beschränkt, son-

174 Ebd., S. 267.

dern sich in wesentlichen und stark rezipierten Studien zum Thema wie denjenigen Pongratz' oder Bröcklings wiederfinden lässt. Zweitens wurde ersichtlich, dass diese Forschungen die Begrifflichkeiten Foucaults zumeist unverändert übernehmen und zur Leitlinie ihrer Forschung machen, ohne dabei andere Ansätze der pädagogischen Auseinandersetzung mit Strafe zu berücksichtigen. Drittens und am maßgeblichsten wurde der Nachweis erbracht, dass sich die entsprechende Literatur mit Foucaults Theorie auch dessen Probleme und normative Enthaltsamkeit einhandelt. Unabhängig davon, ob die Studien nun genealogisch verfahren oder den Begriff der Gouvernementalität zu ihrem Ausgangspunkt machen: In jedem Fall scheint ein Machtungleichgewicht dem pädagogischen Verhältnis unvermittelt eingeschrieben zu sein und sich nicht beheben zu lassen. Die Studien beschränken sich in ihren Fazits deshalb lediglich auf die Forderung, der Tendenz einer Anonymisierung und Entpersonalisierung pädagogischen Strafens als Ausdruck der Disziplinarmacht entgegenzuwirken, sei es durch die Förderung von Gegenmacht (Thiemann, Dzierzbicka), die Offenlegung der eigenen pädagogischen Autorität (Reichenbach, Pongratz) oder die eigenständige Reflexion eigener Machtpositionen (Bröckling, Richter). Ironischerweise setzen all diese Forderungen auf die Eigenverantwortung des Individuums, der Macht in gewisser Weise entgegenzuwirken, und wiederholen das von ihnen kritisierte Moment der Internalisierung in Form von Selbsttechniken der Macht. Bei ihnen allen lässt sich die Forderung, entsprechend des Foucaultschen Diktums, ‚nicht so' regiert zu werden, darauf zurückführen, dass das Missverhältnis der Macht in die pädagogische Beziehung immanent und unaufhebbar eingeschrieben sei.

Der real wirkmächtige Umstand, dass pädagogische Beziehungen oftmals und vermutlich überwiegend von Machtungleichgewicht und deren Folgen geprägt sind, wird somit ontologisiert. Da die Macht lediglich ihre Form wandeln, nicht aber abgeschafft werden könne, liegt die Utopie ihrer Kritik maximal – zumeist aber nicht einmal – noch in einem Machtgleichgewicht zwischen den einzelnen Kräften, keineswegs aber im Jenseits eines Machtverhältnisses. Die pädagogische Forschung ist sich im Hinblick auf Strafe weitestgehend einig, dass das pädagogische Verhältnis ein Machtverhältnis ist und sein muss. Was nicht aufhebbar ist, kann auch nicht verurteilt werden; ergo die normative Enthaltsamkeit der pädagogischen Forschung bezüglich der Strafe.

3. Praktische Verdrängung: Strafpraktiken in der Schule und ihre Reflexion

Im bisherigen Verlauf dieser Arbeit wurden die Umgangsweisen der pädagogischen Theorie und Forschung mit dem Phänomen des pädagogischen Strafens untersucht. Dabei konnte festgestellt werden, dass die pädagogische Theorie Strafen weitestgehend *tabuisiert*, indem sie die Maxime ‚Strafen ist ein unpädagogisches Mittel' ausgibt, wodurch eine strafende Praxis letztlich jedoch in einer paradoxalen Struktur erneut legitimiert wird. In der pädagogischen Forschung wiederum stellt sich gegenüber der Strafe ausgehend von Foucaults Idee einer Positivität der Macht eine *normative Enthaltsamkeit* ein, die annimmt, dass Strafen und die mit diesen zusammenhängenden Machtstrukturen ein Bestandteil des pädagogischen Verhältnisses seien, der sich maximal durch einen Kampf von Macht und Gegenmacht verändern, niemals aber überwinden ließe. Es bleibt folglich noch darzulegen, wie sich das Verhältnis von Pädagogik und Strafe in der Praxis darstellt, wobei im Rahmen dieses Kapitels wesentlich die schulische Praxis untersucht wird. Dabei stehen folgende Fragen im Vordergrund: Wie, also auf welche Weise und mit welchen Mitteln erfolgen Strafen und Disziplinierungen im heutigen Schulalltag? Wodurch legitimieren Lehrpersonen ihre Praxis? Und wie gehen sie schließlich mit einer Diskrepanz zwischen dem Anspruch an Disziplin und alltäglich auftretendem abweichenden Verhalten seitens der Schüler um?

Diese Fragen sollen anhand von zwei Abschnitten im Folgenden geklärt werden. Im ersten Abschnitt wird dabei anhand der Literatur zum so genannten *classroom management* sowie unter Zuhilfenahme der Beobachtungen aus Sophia Richters ethnographischer Studie die Vielfalt schulischer Disziplinarmaßnahmen dargestellt. Ergänzt wird diese Darstellung durch eine nähere Betrachtung zweier Methoden, die in den vergangenen Jahrzehnten gerade im deutschsprachigen Raum vermehrt zur Anwendung kommen: Die Streitschlichtung und der Trainingsraum. Der zweite Abschnitt widmet sich sodann den Legitimationsstrategien der Lehrpersonen für ihr disziplinierendes Handeln sowie den Strategien zum Umgang mit der Diskrepanz zwischen Regeln und Schülerverhalten. Diese werden wesentlich anhand der von Sophia Richter geführten Interviews[175] mit Lehr-

175 Die im vorigen Kapitel geäußerte Kritik an Richters normativer Enthaltsamkeit im Rahmen ihrer Forschung tut der Reichhaltigkeit ihres Materials aus den geführten Interviews keinen Abbruch. Auch wenn Richters Schlussfolgerung, an einer Form der Strafpraxis sei nicht zu rütteln, fehl geht, so fördern ihre Interviewpartner

personen zweier Schulen im Rhein-Main-Gebiet untersucht und besitzen somit zunächst lediglich explorativen Charakter.

3.1 Praktiken der Strafe und der Disziplinierung

In den vergangenen 15 Jahren hat im Rahmen der Auseinandersetzung mit der Professionalität von Lehrpersonen der Begriff des *classroom management* (im deutschsprachigen Raum auch unter dem Begriff der *Klassenführung* gehandelt) stark an Popularität gewonnen. Unter diesen werden dabei im weitesten Sinne alle Tätigkeiten von Lehrpersonen gefasst, die einen guten Unterricht gewährleisten sollen. Auch wenn unklar ist, welche Dimension das Wissen um Methoden des *classroom management* bei Lehrpersonen annimmt[176], wird dieses gerade in der pädagogischen Psychologie doch als „übereinstimmend zentrale Bedeutungsqualität"[177] angesehen und beispielsweise von der Qualitäts- und Unterstützungsagentur des Landesinstituts für Schule (QUA-LiS) in Nordrhein-Westfalen als Mittel zur „wirksamen Lernförderung" und „grundlegende Voraussetzung für förderlichen Unterricht"[178] den Lehrpersonen nahegelegt. Das QUA-LiS bietet neben einer Überblicksseite zum Thema auch weiterführende Literatur und Links sowie Arbeitsmaterialien zur Klassenführung über das Online-Unterstützungsportal Schulqualität an. Neben einer in den vergangenen Jahren florierenden Literatur zum Thema[179] deutet auch die Etablierung universitärer Veranstaltungen unter dem Begriff des *classroom management*[180] darauf hin, dass dieses zunehmend in der Ausbildung von Lehrpersonen Anwendung findet und somit auch in die Schulen Einzug hält.

---

durchaus interessantes und vielschichtiges Material über den schulischen Alltag zutage, das von dieser Schlussfolgerung zunächst unberührt bleibt.

176 Vgl. Haag, L., & Streber, D. (2020). *Klassenführung. Erfolgreich unterrichten mit Classroom Management.* 2. Auflage. Weinheim: Beltz, S. 10.

177 König, J., & Lebens, M. (2012). Classroom Management Expertise (CME) von Lehrkräften messen: Überlegungen zur Testung mithilfe von Videovignetten und erste empirische Befunde. *Lehrerbildung auf dem Prüfstand 5* (1), S. 4.

178 Vgl. QUA-LiS NRW (o. J.), *Classroom management.* Online-Publikation, abrufbar unter https://www.schulentwicklung.nrw.de/cms/inklusiver-fachunterricht/lernumgebungen-gestalten/classroom-management/classroom-management.html

179 Das Spektrum dieser Literatur ist breit und reicht von Ratgeberliteratur mit Titeln wie „Wie sie ihre Pappenheimer im Griff haben. Verhaltensmanagement in der Klasse" (Cowley 2010) oder „Gute Lehrer müssen führen" (Hoegg, 2012) bis hin zu wissenschaftlichen Auseinandersetzungen und Überblicksstudien zum Thema.

180 So finden sich entsprechende Seminare und Workshops etwa an den Universitäten in Freiburg, Bayreuth, Duisburg-Essen, Kassel, Köln, Frankfurt, Potsdam und Münster sowie an vielen weiteren etablierten Hochschulen.

Die Idee des *classroom management* stammt ursprünglich aus den USA und etablierte sich wesentlich durch das noch heute als Standardwerk zum Thema angesehene *Handbook of Classroom Management* (2006)[181] von Carolyn Evertson. Der 1.300 Seiten starke Band befasst sich dabei mit der Geschichte der Lehrprofessionalität sowie empirischen Studien zum Thema und entwickelt Programme zur erfolgreichen Klassenführung. Im Anschluss an Evertson machen Werning und Avci-Werning (2015)[182] elf Dimensionen des *classroom management* aus. Diese fokussieren neben den Facetten eines guten Unterrichtsklimas, inhaltlicher Klarheit und Vorbereitung des Unterrichts immerhin acht Elemente, die sich wesentlich auf die Vermeidung von Störungen des Unterrichts fokussieren: Die Vorbereitung des Klassenraums, die Planung und Unterrichtung von Regeln, die Festlegung von Konsequenzen, die gezielte Beobachtung der Schüler, die Übertragung von Verantwortung auf dieselben, die Unterbindung von ‚unangemessenem' Verhalten und die Zurechtlegung von Strategien für potenzielle Probleme.

Klassenführung gilt als eine umfassende Strategie zur Ermöglichung gelingenden, d. h. zumeist effektiven Unterrichts. Während sie wesentlich die ‚Kompetenzen' von Lehrpersonen zur Leitung und Aufmerksamkeitssteuerung der Klasse umfasst, handle es sich dabei zugleich nicht um eine einseitige Verantwortung der Lehrperson als vielmehr um die „Gestaltung der auf Lernarbeit zielenden Interaktion zwischen Schüler/innen und Lehrer/innen"[183]. Trotz der Differenzierungsversuche in den wissenschaftlichen Schriften zum Thema zeigt sich jedoch schnell, dass nicht etwa die Reflexion der Lehrer-Schüler-Beziehung das Kernanliegen der Klassenführung ist, sondern es durchaus um mehr oder minder feste Regeln und Handlungsanweisungen für Lehrpersonen geht, mit denen diese ihre Klasse ‚im Griff' haben können.

Haag und Streber widmen in ihrem Buch *Klassenführung: Erfolgreich unterrichten mit Classroom Management* (2020) einen gesonderten Abschnitt dem Thema des pädagogischen Strafens. Darin schließen sie sich zunächst der Legitimationsstrategie der *ultima ratio* an, da Strafen auch negative Folgen haben oder sogar den gewünschten Effekten diametral entgegenstehende Konsequenzen nach sich ziehen könnten. Sie wiederholen deshalb, dass

---

181 Vgl. Evertson, C. (2006). *Handbook of Classroom Management. Research, Practice and Contemporary Issues*. Mahwah, NJ: Lawrence Erlbaum Associates.

182 Vgl. Werning, R., & Avci-Werning, M. (2015). *Herausforderung Inklusion in Schule und Unterricht*. Seelze: Klett-Kallmeyer.

183 Kiel, J. M. (2009). Klassenführung. In H. J. Apel, & W. Sacher (Hrsg.), *Studienbuch Schulpädagogik*. Bad Heilbrunn: Klinkhardt, S. 337.

„wenn Strafen sein müssen“[184], darauf zu achten sei, dass diese mild ausfielen, die Lehrperson dabei distanziert bleibe, die Rehabilitation des Schülers im Vordergrund stehe, positive Verstärkung sinnvoller sei als Disziplinierung usw. Deutlich bedienen sich Haag und Streber denselben Argumenten wie die klassische Pädagogik vor der Kritik der Strafe in den 1970er Jahren.

Wesentlich wichtiger als die Strafe sei jedoch die Prävention, da diese das Strafdilemma gar nicht erst aufkommen lasse. Mit Nolting (2013) argumentieren sie: „Mit Disziplinproblemen muss man nicht ‚fertig werden‘, man muss sie verhindern.“[185] Dabei wird jedoch ausgeblendet, dass diese ‚Verhinderung‘ nichts anderes ist als eine Disziplinierungsmethode, die eben nicht reaktiv auf das Verhalten der Kinder eingeht, sondern dieses bereits prophylaktisch unterbindet. Die Disziplinierung durch Prävention findet so bereits statt, bevor sich den Zöglingen überhaupt die Möglichkeit zum Widerstand bietet. Sie besteht nach Nolting in ‚breiter Aktivierung‘, ‚Unterrichtsfluss‘, ‚klaren Regeln‘ und ‚Präsenz- und Stoppsignalen‘. Unter breiter Aktivierung wird dabei der Einbezug der gesamten Klasse in das Unterrichtsgeschehen verstanden. Aktivierung bestehe unter anderem darin, ‚Fragen zu stellen‘, ‚den Blick wandern zu lassen‘ und ‚alle mal aufzurufen‘. Auch das Lob richtiger Antworten dürfe zwecks der positiven Verstärkung des erwünschten Verhaltens nicht fehlen, das Lob solle dabei durchaus „echt klingen“[186]. Unter ‚Unterrichtsfluss‘ wird die Maßnahme verstanden, keine zeitlichen Leerstellen im Unterricht zuzulassen, in denen eventuell Lärm oder Ablenkungen aufkommen könnten. Wichtig seien der ‚zügige Wechsel‘ zwischen Aktivitäten und ‚klare Instruktionen‘, sodass die zeitliche Effizienz des Unterrichts gesteigert werden könne. Mit den Klassenregeln werden darüber hinaus „Erwartungen an das Schülerverhalten, bezogen auf Lernaktivitäten sowie Unterlassung von Störungen“[187] aufgestellt, die möglichst klar und positiv formuliert werden sollten. Sollte all dies nicht ausreichen und trotz aller Vorkehrungen eine Störung auftauchen, sollte diese Mittels ‚Stoppsignalen‘ unterbunden werden, die in freundlichem Ton und unter klarem Verweis auf die Regeln vorgetragen werden sollen.

Nolting selbst macht noch einmal deutlicher, worin eine ordentliche ‚Klassenführungskompetenz‘ besteht. Der Katalog an Regeln, die aufgestellt werden sollten, ist lang:

---

184 Haag L., Streber, D. (2020). *Klassenführung*, S. 129.

185 Nolting, H.-P. (2013). *Störungen in der Schulklasse. Ein Leitfaden zur Vorbeugung und Konfliktlösung*. 13. Aufl., Weinheim: Beltz, S. 41.

186 Haag, L., Streber, D. (2020). *Klassenführung*, S. 130.

187 Ebd.

„- Wann genau, mit welchem Signal, beginnt der Unterricht?
- Was ist zu tun, wenn die Lehrkraft verspätet kommt?
- Zu welchen Zwecken darf man von seinem Platz aufstehen?
- Darf man zur Sache nur sprechen, wenn man aufgerufen wurde, oder auch spontan, wenn sich sonst niemand meldet?
- Welche Folgen hat die Nichterledigung von Aufgaben?
- Was ist zu tun, wenn man mit der Stillarbeit fertig ist?
- Wann und wie sollte man Unzufriedenheit mit dem oder Vorschläge zum Unterricht mitteilen?
- Ist leises (nicht störendes) Schwatzen erlaubt?“[188]

Eine gute Klassenführung zeichnet sich also durch einen umfassenden Regelkatalog aus, der den Schülern deutlich macht, wie sie sich zu verhalten haben, um einen reibungslosen Unterricht zu gewährleisten. Sie strukturieren den gesamten Unterricht von der ersten bis zur letzten Minute und setzen deutliche Grenzen dafür, welches Verhalten akzeptabel ist und welches nicht. Doch ist bereits der Zweck, den diese Regeln verfolgen, ein problematischer: Es geht hierbei lediglich darum, störendes Verhalten zu unterbinden, nicht aber darum, auftretende Probleme als solche zu behandeln. Kritik am Unterricht oder ‚Unzufriedenheit‘ werden mit den Regeln aus dem Unterricht ausgegliedert, indem sie mit dem vorletzten Punkt der Aufzählung einen gesonderten Ort erhalten. Ebenso bleibt unklar, wie mit Störungen umgegangen wird, die durchaus auch eine gewisse Unzufriedenheit oder auch ein Unverständnis bezüglich der Inhalte bei den Schülern ausdrücken können. Auch persönliche Konflikte zwischen Lehrpersonen und Schülern, etwa wenn sich eine Partei von der anderen unfair behandelt oder nicht beachtet fühlt, werden ausgeblendet. Die Formulierung der zu etablierenden Regeln in Form von Fragen stellt dabei einen Trug dar: Es handelt sich gewissermaßen um Suggestivfragen, ist doch dem Impetus des ‚Unterrichtsflusses‘ zufolge klar, dass die Nichterledigung von Aufgaben negative Konsequenzen nach sich zieht, auch das ‚nicht störende‘ Schwatzen (das allein durch diese Vokabel schon negativ konnotiert ist) nicht erlaubt ist und auch das Erheben vom Platz zu einem Zweck, der dem Unterricht nicht dienlich ist, zu unterlassen bleiben dürfte. In den Regeln wird nicht der Gegenstand dieser Regeln – das, was *guten* Unterricht ausmacht – verhandelt, sondern sie stellen lediglich den Rahmen für *effizienten* Unterricht dar. Beim Nichtverstehen einer Aufgabe nicht reinrufen zu dürfen, zum Toilettengang nicht

188 Nolting, H.-P. (2013). *Störungen in der Schulklasse*, S. 45.

einfach den Platz verlassen zu können oder den Nachbarn bei der Stillarbeit um Hilfe zu bitten stellen Formen präventiver Disziplinierung dar, die dem Gegenstand des Unterrichts – nämlich dem Lernen und der Bildung – nicht zuträglich und dennoch einzuüben sind. Gerade das Beispiel des Toilettengangs zeigt dies in seiner Banalität deutlich: Vom Heben der Hand über das Warten, bis man aufgerufen wird bis hin zu der Blöße, die das Stellen der Frage auslöst, wird der Unterricht stärker gestört als dadurch, dass man einfach den Raum verlässt. Wird der Toilettengang untersagt oder kommentiert (‚Für die Toilette ist die Pause da') ist die Unterrichtsstörung komplett.

Noch deutlicher zeigt sich die Disziplinierung in ihrer reaktiven Form der verbalen und nonverbalen Signale zur Unterbindung von Unterrichtsstörungen, deren Liste bei Nolting nicht minder lang ausfällt:

> „Nonverbale Signale:
> - Im Klassenraum so stehen, dass man alles gut überblicken kann
> - Sich gelegentlich im Raum bewegen […]
> - Beim Schreiben an der Tafel zwischendurch zur Klasse blicken […]
> - Während des Gespräches mit Einzelnen den Blick auch auf die übrige Klasse richten.
> - Aufkommende Störungen ‚ersticken': durch Anblicken, durch eine dämpfende Handbewegung, durch abruptes Absenken der Stimme, durch ‚unzufriedene' Mimik oder andere Signale.
> - Auf störende Schüler/innen ein paar Schritte zugehen, sie in besonderen Fällen auch antippen.[189]
>
> Verbale Signale:
> - nur den Namen des Störers aussprechen oder anschreiben
> - Konkrete Aufforderungen aussprechen […] wobei positive Formulierungen (‚Hör mir zu!) negativen (‚nicht schwatzen') vorzuziehen sind, weil sie direkter auf das erwünschte Verhalten hinlenken
> - Einen Schüler/eine Schülerin der/die z. B. schwatzt oder sich mit anderen Dingen beschäftigt, einfach zum Thema ‚drannehmen' […] wobei die Art der Ansprache in erster Linie die Schüler/innen wieder in den Unterricht hineinziehen und nicht etwa Verlegenheit erzeugen soll."[190]

Die aufgelisteten Signale bedienen sich deutlich der Technik der Überwachung und Prüfung. In ihrer nonverbalen Ausprägung dient vor allem

---

189 Ebd., S. 70.
190 Ebd., S. 72.

der auch von Thiemann beschriebene Blick dazu, die Schüler im wahrsten Sinne des Wortes nicht aus den Augen zu lassen – auch nicht beim Schreiben an der Tafel. Die Präsenz und Überwachung der Lehrperson soll durch ständige Blickwechsel und durch die Bewegung im Klassenraum sichergestellt werden, damit sich ja nicht der Verdacht bei den Schülern aufdränge, es gäbe Freiräume, die von der Lehrperson nicht gesehen würden. Das ‚Drannehmen' unaufmerksamer Schüler stellt ein häufiges Mittel von Lehrpersonen dar, um die Störung zu unterbinden. Nolting scheint klar zu sein, dass dieses oftmals mit einer Bloßstellung einhergeht, da der betroffene Schüler aufgrund seiner Unaufmerksamkeit zumeist keine befriedigende Antwort auf die Frage der Lehrperson geben kann. Das Beispiel offenbart jedoch, wie wenig es um die Integration des Schülers in den Unterricht geht: Nicht der Inhalt des ‚Schwatzens' oder das Bedürfnis nach der Beschäftigung mit anderen Dingen wird in der Ansprache zum Thema gemacht, sondern die Aufmerksamkeit soll allein wieder auf das Unterrichtsgeschehen gelenkt werden. Es wäre ja denkbar, dass der Schüler sich bei seiner Nachbarin nach der Aufgabenstellung oder der Frage erkundigt, etwas in seinen Unterlagen nachschaut oder sich Hilfe einholt. Das ‚Drannehmen' aber beschäftigt sich nicht mit dem Grund der Nichtteilnahme, die auch in einer Über- oder Unterforderung des Schülers oder dessen Bedürfnis nach einer Pause liegen könnte, sondern forciert dessen Aufmerksamkeit auf den Unterricht zum Zwecke der Effizienz desselben. Dem Schüler wird auch durch das Moment des Ertapptwerdens und der Häme der Klassenkameraden infolge des ‚Erwischtwerdens' eingebläut, sich nicht noch einmal so zu verhalten und zugleich kein ‚schlechtes Beispiel' für seine Mitschüler abzugeben.

Soweit zur wissenschaftsnahen Ratgeberliteratur, die durch die Einzellektüre, universitäre Veranstaltungen zum Thema ‚Klassenführungskompetenz' und Leitfäden von Ministerien mehr und mehr in den Schulalltag einsickert. Wie aber findet deren Umsetzung im Unterricht konkret statt? Eine Antwort auf diese Frage zu geben ist nicht einfach, da entsprechende Studien nicht in ausreichendem Maße vorliegen. Erneut kann Sophia Richters ethnographische Studie, die auch Interviews mit Lehrpersonen umfasst, herangezogen werden, um zumindest explorative Einblicke in das praktische Geschehen zu erhalten. In ihrer Beobachtung des Schulalltags fallen Richter insbesondere die Regeln auf, welche eine gewisse Omnipräsenz haben. An beiden von ihr untersuchten Schulen wird quasi allgegenwärtig auf das Regelwerk verwiesen: Schulordnungen hängen in den Aulen, in jedem Klassenraum, gar auf dem Pausenhof und werden durch weitere Schilder, die etwa auf das Verbot von Schneebällen und Handys oder des Rennens auf den Fluren hinweisen, ergänzt.[191] Im Unterricht selbst beobachtet Richter einen gewissen Methodenmix, was das Strafen betrifft. So droht etwa eine Klassenlehrerin an der ‚Mainschule' damit, die vergeudete Zeit im Unterricht an das Ende der Stunde anzuhängen, setzt die Klasse bei Bedarf um und führt einen ‚Auszeittisch' ein; der Mathelehrer verteilt gelbe und rote Karten für abweichendes Verhalten, bei der roten Karte droht Nachsitzen. An der ‚Rheinschule' beobachtet sie wiederum andere Strafen: Hier werden die Schüler vom Klassenlehrer regelmäßig unterbrochen und harsch zurechtgewiesen, bei mangelnder Disziplin werden sie vor die Tür geschickt, in den Schuleigenen ‚Trainingsraum' oder zur Streitschlichtung.

Bei allen Formen der Strafe, die Richter beobachtet, ist insbesondere der Bezug auf die Regeln der Klasse wichtig. Nahezu jede Lehrperson verweist auf das Regelwerk, das immer gut sichtbar an einer Wand des Klassenraums zu sehen ist. Dabei macht Richter die Beobachtung, dass die Regeln inzwischen häufig in einem gemeinsamen Prozess zwischen Lehrpersonen und Schülern ausgehandelt werden. Bei genauerer Betrachtung entpuppt sich diese Regelvereinbarung jedoch nicht als der gleichberechtigte Prozess, als der er dargestellt wird. Denn auch hier wird deutlich, dass nicht etwa der Umgang miteinander in einer freien und gleichberechtigten Diskussion im Vordergrund steht, sondern der ‚gelingende', sprich effiziente Unterricht. Die Klassenlehrerin an der ‚Mainschule' leitet die Stunde zur Regelvereinbarung mit den Worten ein: „Dass wir alle einhundertprozentig glücklich sind, das kriegen wir nicht hin."[192] Ebenso wie bei der Betrachtung der Suggestivfragen zur Regelaufstellung bei Nolting sind die Ergebnisse der vermeintlich freien Regeldiskussion in der Schulklasse nicht überraschend: festgelegt wird, dass Ruhe herrscht, alle Schüler ihre Materialien dabei haben, niemand beleidigt wird, man nicht ‚reinruft' usw. Während die Klassenlehrerin zunächst ihre Schüler dazu auffordert, frei über die Regeln nachzudenken, werden ihr von der Institution Schule und ihren Anforderungen an ‚gelingenden' Unterricht schnell Grenzen gesetzt: Mehr als eine Schulstunde ist für die Regelfestlegung nicht vorgesehen, ausführliche Aushandlungen der Regeln müssen entsprechend unterbleiben. Richter stellt am Ende der Stunde fest: „Die Zeit ist knapp und Lehrerin Born greift die Vorschläge [der Schüler, S. G.] auf, mit denen sie einverstanden ist."[193] Die Lehrerin ist von dem Vorgehen dennoch überzeugt, sie bezeichnet die ge-

---

191 Vgl. Richter, S. (2019). *Pädagogische Strafen in der Schule*, S. 82ff.
192 Ebd., S. 88.
193 Ebd., S. 89.

meinsam etablierten Regeln im Interview als einen „Vertrag, den alle nun miteinander ein[gehen].“[194]

Die Festlegung ‚gemeinsamer' Regeln in einem kooperativen Prozess ist den Lehrpersonen ein durchaus wichtiges Anliegen im Rahmen demokratischer Partizipationsstrukturen. Dabei scheinen sie jedoch nicht zu bemerken, dass diese von Vornherein beschränkt werden: Einerseits durch die Institution Schule mit ihren Regeln und Erfordernissen nach einem effizienten und störungsfreien Ablauf; andererseits durch die Lehrpersonen selbst, die allzu starke Abweichungen von den von ihnen gewünschten Regeln nicht akzeptieren können und unter Berufung auf deren schwierige ‚Umsetzbarkeit' abweisen. Über die vermeintliche Gemeinsamkeit der Regelfestlegung schleicht sich zudem eine gewisse Perfidie ein: Beim ‚Vertragsbruch' kann der Schüler immer darauf hingewiesen werden, die Regeln ja mit erstellt und sein Einverständnis zu diesen gegeben zu haben. In den Interviews mit den Lehrpersonen stellt Richter deshalb fest, dass die Regeln für diese eine wesentliche Funktion einnehmen – sie werden als der Dreh- und Angelpunkt eines funktionsfähigen Unterrichts wahrgenommen: „Die Lehrkräfte haben ein *Bild von Schule*, in dem sich Schüler/-innen an die Regeln halten, in dem ein ruhiger und ungestörter Unterricht stattfindet, in dem sich Lehrkräfte auf die Unterrichtsinhalte konzentrieren und nicht erzieherisch tätig werden müssen.“[195]

Richters Fazit aus den Unterrichtsbeobachtungen und Interviews legt nahe, dass das Problem der Disziplinierung weitestgehend aus dem Unterricht auszuklammern oder zu verdrängen sei. Mit der Festlegung der Regeln ist eigentlich bereits klar, dass undiszipliniertes Verhalten nicht erwünscht ist. Wo es auftritt, soll es von den Lehrpersonen mithilfe von Blicken und kurzen Ermahnungen möglichst nicht allzu sehr zu Tage treten, sondern schnell wieder verschwinden. In Richters Fazit wird zudem die bereits in den Ausführungen zum Verhältnis der pädagogischen Theorie gegenüber dem Strafen dargestellte Unterscheidung der Lehrpersonen von Erziehung und Bildung deutlich: dem Erziehen haftet vermeintlich ein Makel an, der darin besteht, sich den Personen zuzuwenden, sie in irgendeiner Weise beeinflussen zu müssen, auf die Hintergründe ihres Verhaltens aufmerksam zu werden. Ziel des Unterrichts scheint hier jedoch vielmehr Bildung im verkürzten Sinne einer effizienten Vermittlung von Wissen zu bedeuten. Beide sollen strikt getrennt werden: Der Unterricht ist für Wissensvermittlung, nicht für Erziehung zuständig – Disziplinlosigkeit wie Disziplinierung soll-

194 Ebd.
195 Ebd., S. 151.

ten möglichst aus ihm verbannt sein; wo dies nicht möglich ist, sollen sie sich möglichst geräuschlos vollziehen und als solche nicht wahrgenommen werden.

Diese Einschätzung Richters wird über ihre Beobachtungen und die Aussagen der Lehrpersonen hinaus durch institutionelle Einrichtungen gestützt, die die Disziplinierung ebenfalls aus dem Unterricht verbannen, ohne sie dabei aufzuheben. An den untersuchten Schulen stellen diese die Streitschlichtung und der Trainingsraum dar. Beide Mittel der Disziplinierung sind keine Ausnahmeerscheinungen, sondern werden an vielen Schulen im deutschsprachigen Raum eingesetzt.

Das Streitschlichtungsprogramm stammt aus dem US-amerikanischen Raum und wurde dort von Johnson und Johnson (1995)[196] etabliert und später in den deutschsprachigen Raum übertragen. Es basiert auf einem für die Streitschlichtung bindenden Schema, das den Streit lösen und die Konfliktparteien durch einen Vertrag an diese Lösung binden soll. Das Schema besteht dabei aus vier Phasen: Zunächst wird der Streit einigen Regeln unterworfen, denen sich die Konfliktparteien bedienen müssen, wenn sie ihren Streit schlichten wollen. Dazu gehört neben dem Willen, den Streit zu schlichten, die Betonung der Freiwilligkeit einer Teilnahme am Schlichtungsprogramm sowie die Kommunikation durch so genannte Ich-Botschaften, in denen keine Vorwürfe an die andere Partei gemacht werden dürfen. In der zweiten Phase schildern die Beteiligten den Streit aus ihrer jeweiligen subjektiven Sicht. Die dritte Phase besteht dann im Perspektivwechsel: Jede Partei soll nun den Standpunkt der jeweils anderen einnehmen und durch die Ich-Botschaften darlegen, wie sie sich in der Perspektive des anderen gefühlt hätte. In der vierten Phase wird schließlich der Vertrag geschlossen, in dem sich die Parteien auf die Mittel der Wiedergutmachung einigen, wobei beide Parteien ihren Beitrag zu dieser leisten müssen. Das Besondere an der Streitschlichtung ist, dass sie einen gesonderten Ort hat und von einem besonderen Personal betreut wird. Meist gibt es einen eigenen Raum an der Schule, der zur Streitschlichtung genutzt wird. Diese wird dabei nicht etwa von Lehrpersonen durchgeführt, sondern von eigens ausgebildeten Schülern, meist der höheren Klassenstufen, den so genannten Streitschlichtern.

Andreas Gruschka kritisierte bereits 2006 das Mittel der Streitschlichtung als wenig zielführend. Problematisch sei dabei wesentlich die Unterwerfung des Streits unter das starre Schema der Schlichtung. Dieses sieht von der Ursache und dem Verlauf des Streits ab und transformiert die be-

196 Vgl. Johnson, D. W., & Johnson, R. T. (1995). *Teaching Students to be Peacemakers. Interaction Book.* Minnesota: Edina.

teiligten Parteien bereits vorab in Personen(gruppen) mit gleichberechtigten Ansprüchen. Wo ein klares Täter-Opfer-Verhältnis vorliegt, ist dies fatal, da es für das Opfer bereits eine Zumutung darstellt, sich in den Täter hineinzuversetzen und ihn verstehen zu sollen; umgekehrt wird der Täter dabei entlastet, indem er zum gleichberechtigten Opfer-Täter wird. Dies wird durch den Zwang zur Ich-Botschaft verstärkt, der die Ansprüche der Beteiligten jeweils als nur subjektive Empfindungen darstellbar werden lässt; der Streit wird somit relativiert, indem er als standpunktabhängig dargestellt wird, auch wenn realiter ein klares Verhältnis von Verursacher und Opfer vorliegt. Auch hier wird mit dem Vertrag schließlich ein Dokument geschaffen, das die Beteiligten in einer pseudorechtlichen Form bindet; wie bei den ‚gemeinsam' festgelegten Regeln unterliegt der Vertrag bereits vorab den Regeln und dem Schema der Streitschlichtung, sodass die Freiheit der Schüler, diesen abzuschließen, von vornherein eingeschränkt ist. Damit wird auch die Freiwilligkeit der Streitschlichtung von Beginn an unterlaufen: wer nicht an der Streitschlichtung teilnehmen möchte – etwa, weil er sich als Opferpartei nicht dazu bereiterklären möchte, die Perspektive des Täters einzunehmen – macht sich zusätzlich verdächtig. Mit dem Streitschlichtungsraum als gesondertem Ort sowie den Streitschlichtern in Form von ausgebildeten Schülern ist die Streitschlichtung zudem ein geeignetes Mittel zur Exklusion der Disziplinierung sowohl aus dem Klassenraum als auch aus der Verantwortung der Lehrpersonen. Der Streit wird so nicht an Ort und Stelle, etwa im Unterricht oder auf dem Pausenhof behandelt, sondern bekommt einen Ort und eine Zeit außerhalb des Unterrichts bzw. des Schulgeschehens zugewiesen.[197]

Mit dem Trainingsraum wird ein ganz ähnliches Konzept der Disziplinierung verfolgt. Dieses stammt ebenfalls aus den USA. Es wurde 1994 von Edward Ford[198] entwickelt und 1996 von dem Bielefelder Lehrer Stefan Balke adaptiert. Balke veröffentlichte sein Konzept unter dem Titel *Die Spielregeln im Klassenzimmer* (2001), in dessen Folge es seinen Siegeszug durch die Schulen antrat. Wie auch die Streitschlichtung ist das Trainingsraumkonzept schematisch aufgebaut und basiert auf festen Regeln, derer drei für die gesamte Schule eingeführt werden. Diese Regeln lauten: „Jede Schülerin und jeder Schüler hat das Recht ungestört zu lernen. Jede Lehrerin und jeder Lehrer hat das Recht ungestört zu unterrichten. Jede/r muß stets die

197 Vgl. zum gesamten Absatz Gruschka, A. (2006). Wenn zwei sich streiten, freut sich der Dritte. *Pädagogische Korrespondenz 35.*

198 Vgl. Ford, E. E. (1994). *Discipline for Home and School. Teaching Children to Respect the Rights of Others Through Responsible Thinking Based on Perceptual Control Theory.* Scottsdale, AZ: Brandt Publishing.

Rechte der anderen respektieren."[199] Balke selbst argumentiert, dass diese Regeln unumgänglich seien und über sie auch nicht abgestimmt werden könne, da „es keine Alternative dazu gibt".[200] Wer nun gegen diese Regeln verstößt, wird dem Schema zufolge zunächst ermahnt und dann rhetorisch gefragt, ob er in den Trainingsraum gehen oder lieber im Unterricht bleiben möchte. Verbessert sich das Verhalten des Schülers nicht, wird er in den Trainingsraum geschickt. Dort erwartet ihn eine Lehrperson, die den Raum leitet und überwacht. Das Konzept des Trainingsraums besteht nun darin, dem Schüler einen so genannten *Rückkehrplan* auszuhändigen, den dieser ausfüllen muss, um in den Unterricht zurückkehren zu dürfen.[201] Der Rückkehrplan beinhaltet Fragen nach dem Fehlverhalten des Schülers, nach seiner Schuld, nach der Regel, gegen die er verstoßen hat sowie nach einer Lösung für sein problematisches Verhalten. Füllt der Schüler den Plan nach Zufriedenheit der Aufsicht aus, die diesen noch einmal kontrolliert, kann er in den Klassenraum zurückkehren.

Sieglinde Jornitz (2004) kritisiert analog zu Gruschkas Problematisierung der Streitschlichtung auch den Trainingsraum als nicht zielführend. Wer in den Trainingsraum geschickt wird, wird bereits durch diese Verbannung aus dem Unterricht zum Schuldigen erklärt. Denn der Rückkehrplan fragt nicht etwa nach einer Schilderung des Vorgefallenen, sondern allein nach dem Verhalten und der Schuld des Schülers. Die von ihr untersuchten Rückkehrpläne stellen etwa die Fragen: „Wie kam es dazu, daß du in den Trainingsraum gehen mußtest?", „Was hast du getan, daß es dazu kommen konnte?" und „Bist du bereit, eine Lösung für das Problem zu finden?"[202] Jornitz berichtet von einem Fall, in dem der Schüler vor allem deshalb störte, weil er sich von der Lehrerin unfair behandelt fühlte. Auf seinen Protest gegen diese Behandlung hin wurde er in den Trainingsraum geschickt – der Rückkehrplan lässt jedoch keine Möglichkeit zur Schilderung dieses Umstands, sondern erfordert vom Schüler allein das Eingeständnis, nicht gegen die Regel des ungestörten Unterrichtens verstoßen zu dürfen. Der Konflikt wird damit nicht bereinigt. Vielmehr kommt es auch mit dem Trainingsraumkonzept allein zu einer Auslagerung der Disziplinierung und zu einer

---

199 Balke, S. (2003). *Die Spielregeln im Klassenzimmer: Das Handbuch zum Trainingsraum-Programm*. Bielefeld: Karoi-Verlag, S. 38.

200 Ebd.

201 Dem Trainingsraumkonzept liegt die Annahme zugrunde, dass Schüler immer lieber im Unterricht sein möchten als von diesem exkludiert zu werden – daher die rhetorische Frage und die Aushändigung des Rückkehrplans.

202 Jornitz, S. (2004). Der Trainingsraum: Unterrichtsstörung als Bumerang. *Pädagogische Korrespondenz 33*, S. 105.

Verbannung der ,Disziplinlosigkeit'. Indem der entsprechende Schüler aus dem Unterricht zeitweilig entfernt wird, wird die Lehrperson von der Verantwortung, den Konflikt zu lösen, entbunden; der ,Unterrichtsfluss' bleibt weitestgehend intakt, die Ruhe der Klasse und die Effizienz des Unterrichts wird wiederhergestellt. Dies ist auch das erklärte Ziel des Trainingsraums, wie Bahlke schreibt:

> „Das erste und wesentlichste Ziel des Programms besteht darin, die lernbereiten Schüler/innen zu schützen und ihnen entspannten, ungestörten und qualitativ guten Unterricht anzubieten. Das zweite Ziel besteht darin, häufig störenden Schüler/innen Hilfen anzubieten, die darauf ausgerichtet sind, daß sie ihr Sozialverhalten verbessern und die notwendigen sozialen Schlüsselqualifikationen erwerben."[203]

Diese ,Verbesserung des Sozialverhaltens' jedoch besteht aus einer simplen Unterwerfung unter die drei Regeln des störungsfreien Unterrichts, die wohlweislich so allgemein formuliert sind, dass jede Aktion des Schülers als Verstoß gewertet werden kann. Freilich ist es nicht möglich, eine Lehrperson aufgrund eines Verstoßes gegen sie in den Trainingsraum zu schicken. Der simple Zweck des Konzepts besteht folglich darin, den Unterricht ruhig zu halten,[204] Lehrpersonen kurzfristig von ihrer Verantwortung des Erziehens und der Konfliktlösung zu entlasten und die Schüler durch Gewöhnung den Regeln zu unterwerfen – an einer Lösung von Konflikten ist das Programm nicht im Entferntesten interessiert.

Dieser kurze Überblick über verschiedene Strafpraktiken weist drei Tendenzen auf. Erstens scheint es eine Vielzahl an disziplinarischen Methoden zu geben, die von klassischer Konditionierung (gelbe und rote Karten) und harschen Ermahnungen über subtile Blicke und knappe Aufforderungen bis hin zu institutionalisierten Strafpraktiken wie der Streitschlichtung und dem Trainingsraum reichen. Zweitens spielen bei all diesen Disziplinartechniken Regeln eine wesentliche Rolle, welche zunehmend eine pseudovertragliche Form annehmen und auf ein vermeintlich beidseitiges Einvernehmen setzen. Drittens scheinen diese Formen beinahe ausnahmslos ein

---

203 Vgl. Balkes Internetauftritt, abrufbar unter http://www.trainingsraum.de/das_programm.html

204 Jornitz weist darauf hin, dass selbst die Erfüllung dieses Ziels äußerst fraglich ist, kommt es doch durch das Trainingsraumkonzept zur doppelten Unterbrechung des Unterrichts: Zunächst dadurch, dass die rhetorische Frage nach dem Verbleib mit der anschließenden Verbannung aus dem Unterricht erfolgt und schließlich noch einmal, wenn der bestrafte Schüler aus dem Trainingsraum zurückkehrt, vgl. Jornitz, S. (2004). Der Trainingsraum, S. 117.

Ziel zu verfolgen: den Unterricht möglichst effizient zu machen. Um diesen Zweck zu erfüllen, werden sowohl die Störungen als auch deren Bestrafungen möglichst unsichtbar und geräuschlos vollzogen, ohne dabei die Ursachen für die Störungen in Betracht zu ziehen oder die Konflikte zwischen unterschiedlichen Personen lösen zu wollen. Es scheint um die simple Einhaltung, Gewöhnung und im Extremfall Unterwerfung unter die ‚gemeinsam' festgelegten Regeln des ‚guten Unterrichts' zu gehen.

3.2 Legitimationen und Reflexionen der Strafe von Lehrpersonen

Vor dem Hintergrund eines Bildes von gutem Unterricht als einem solchen, in dem Störungen ausgeschlossen werden müssen und Erziehung nicht stattfinden darf, stellt sich die Frage, wie Lehrpersonen den Umstand reflektieren, dass Störungen und ‚Disziplinlosigkeiten' dennoch regelmäßig auftreten. In ihren Interviews stellte Sophia Richter den von ihr befragten Lehrpersonen die Frage, woran es ihrer Meinung zufolge liege, dass Schüler mit einer gewissen Regelmäßigkeit gegen die ‚gemeinsam' festgelegten Regeln verstoßen. Dabei stellt sie drei Formen der Reflexion eines solchen Verhaltens fest, die sich in mangelnde elterliche Erziehung, mangelnde Strafe durch Kollegen sowie mangelnde eigene Professionalität differenzieren.

Mangelnde elterliche Erziehung wird dabei von den meisten Interviewten als Ursache für Regelverstöße angegeben.[205] Die Gewöhnung an die Einhaltung von Regeln wird von den Lehrpersonen dabei als eine maßgebliche Aufgabe der *Erziehung* angesehen, die von mindestens einer Lehrerin jedoch lediglich als Randbereich schulischer Praxis bezeichnet wird. In den Interviews taten die Lehrpersonen dabei kund, dass es heutzutage an ausreichender familiärer Erziehung mangele, sodass sich zwangsläufig Konflikte in Bezug auf die unterrichtlichen Regeln ergäben: Die Aufgabe der (nachträglichen) Erziehung werde den Lehrpersonen, die nicht die Erziehung, sondern die Wissensvermittlung als ihre genuine Aufgabe betrachten, somit gewissermaßen gegen ihren Willen aufoktroyiert. Dabei wird Richter zufolge auch der Umstand, dass schulische Regeln und familiäre Regeln durchaus aus guten Gründen voneinander zu trennen sind, da sie jeweils unterschiedliche Sphären des Lebens betreffen, von den Lehrpersonen unterschlagen. Indem auch hier das Disziplinierungsproblem aus dem Unterricht ausgeklammert wird, kann dieses auf die Familie übertragen werden: Erziehung

---

205 Vgl. zum folgenden Abschnitt Richter, S. (2019). *Pädagogische Strafen in der Schule*, S. 175ff.

und Unterricht stehen „in der Institution Schule in einem widersprüchlichen Verhältnis zueinander, wodurch sich Praktiken reaktiver Disziplinierung nicht zugleich mit einem pädagogisch-professionellen Selbstverständnis vereinen lassen."[206]

Eine ähnliche Struktur der Ausklammerung von Disziplinierung verfolgt die Argumentationsstruktur des ‚Nichtstrafens von Kollegen'.[207] Auch hier wird der Regelverstoß nicht als genuines Problemfeld des eigenen Unterrichts verstanden, sondern an das Kollegium delegiert. Die ‚Disziplinprobleme' im eigenen Unterricht seien darauf zurückzuführen, dass andere Lehrpersonen die Regeln nicht konsequent genug durchsetzten. Die Interviewpartner, die diese These gegenüber Richter äußerten, bezeichnen sich dabei jeweils als eine Ausnahme, da sie immer auf die Einhaltung der Regeln achteten. Wichtig ist ihnen zudem vor allem die Einübung der Regeln – nicht die Einsicht in die Sinnhaftigkeit derselben oder ihre Verhandlung aufgrund der für den Unterricht (aber auch nur für diesen) ‚sinnvollen' Verhaltensweisen ist ihr Ziel, sondern die Gewöhnung an die Regeln, um Ruhe und Ordnung zu gewährleisten. Erneut wird die Verantwortung hier externalisiert, diesmal nicht auf die Familie, sondern eben auf die anderen Lehrpersonen. Richter fasst das Argumentationsmuster in einem Satz zusammen: „Die eigenen Praktiken werden nicht in Frage gestellt, diese würden schließlich funktionieren, wenn alle mitziehen würden."[208]

Ein einzelner Interviewpartner Richters weicht von der Abwälzung der eigenen Verantwortung auf Andere im Komplex der Strafe und Disziplinierung ab. Dabei handelt es sich um einen Referendar, der die Ursache für die Nichteinhaltung von Regeln vor allem in seiner eigenen (noch) mangelhaften Professionalität ausmacht.[209] Interessanterweise reflektiert auch allein dieser Referendar das Auseinanderfallen von Anspruch und Realität: er sieht das Dilemma des Strafens gerade darin, nicht strafen zu sollen bzw. zu wollen, andererseits jedoch starre Regeln durchsetzen zu müssen. Dieses Paradox möchte er vor allem durch eine spannende Unterrichtsgestaltung lösen, was ihm jedoch nicht immer gelinge. Doch auch in dieser Annahme zeigt sich die strikte Unterscheidung von Erziehung und Wissensvermittlung, die Richter aus den Aussagen des Referendars ableitet: „Interessant ist das repressive Verständnis von Erziehung, welches der Referendar zu haben scheint. Er würde gerne als Lehrer auf Erziehung verzichten können."[210] Die

206 Ebd., S. 193.
207 Vgl. ebd., S. 169ff.
208 Ebd., S. 175.
209 Vgl. ebd., S. 166ff.
210 Ebd., S. 168.

Anlage zur Verantwortungsexternalisierung und somit zur Ausklammerung des Dilemmas eines Unterrichts ohne Disziplinierung scheinen bei dem Referendar bereits angelegt zu sein, auch wenn er (noch) nicht den Schritt zur Abwälzung der Verantwortung über die Verschiebung des Problems auf das Kollegium oder die Eltern vollzogen hat.

Über das Problem der *Ursache* von Disziplinarproblemen hinaus befragte Richter ihre Interviewpartner zusätzlich zu deren jeweiligem *Umgang* beim Auftreten derselben. Auch hier lassen sich ihr zufolge drei Muster ausmachen, die sie mit den Stichworten ‚Abgeben und Delegieren', ‚Institutionalisieren und Individualisieren' sowie ‚gesetzlich strafen' beschreibt[211].

Die Strategie des ‚Abgebens und Delegierens' knüpft dabei nahtlos an die Ausklammerung der Disziplinarfrage aus dem Unterricht an. Sie geht davon aus, dass die Aufgabe der Lehrperson im Unterrichten, nicht im Erziehen bestehe. Auf die Frage, wie sie mit Regelüberschreitungen umgehe, gibt eine Lehrerin unumwunden zu: „Das delegiere ich weg."[212] Für familiäre oder persönliche Probleme, die etwa zu mangelhafter Anfertigung von Hausaufgaben führten, seien die Sozialarbeiter zuständig. Die Lehrerin legitimiert ihr Vorgehen gerade mit ihrem Unterricht als einem ‚Schutzraum', in dem die Unterschiede der Schüler keinen Platz hätten. Der Unterricht gebe Stabilität aufgrund der Ausblendung aller äußeren Umstände – und bereite deshalb auch besser auf das Leben vor, in dem ebenso lediglich die Leistung zähle und persönliche Probleme keinen Platz hätten. Ein anderer Lehrer delegiert die Aufgabe an die Eltern. An einer bezeichnenden Stelle beschreibt er, gerade Väter besäßen die notwendige Strenge, ihre Kinder auf den richtigen Pfad zu bringen, auch wenn man diese nicht zur Prügelstrafe animieren dürfe. In einem Fall, so beschreibt er, habe die väterliche Prügel jedoch auch zu einer langfristigen Verbesserung des Verhaltens geführt. Richter beschreibt prägnant, dass auch hier erneut der ungestörte Ablauf des Unterrichts im Vordergrund steht: „Der schulische Erfolg scheint hier die Prügelstrafe des Vaters zu legitimieren, das Ergebnis zählt, weniger der Weg dorthin."[213] Die Delegierung stellt somit einen Umgang mit dem Paradoxon der Disziplinierung dar, indem diese aus dem Verständnis des eigenen Berufes ausgeklammert, dadurch aber nur verschoben wird. Mit dem Paradoxon dürfen sich dann die Sozialarbeiter und Familien auseinandersetzen, als deren Aufgabe Erziehung in ihrer falsch-negativen Konnotation angesehen wird.

---

211 Vgl. ebd., S.208ff.
212 Ebd., S. 208.
213 Ebd., S. 213.

Die zweite Umgangsform mit dem Paradoxon des schulischen Strafens besteht in der Institutionalisierung und Individualisierung derselben. Dies bedeutet, dass die Strafe nicht von den Lehrpersonen vollzogen werden soll, sondern durch die Institution. Dazu gehört bezeichnenderweise der Trainingsraum an der Rheinschule, auf den zumeist gerne zurückgegriffen wird, auch wenn zwei Lehrpersonen Bedenken hinsichtlich dieser Art der Konfliktlösung anmelden. Die Paradoxie soll hier wesentlich durch die Handlungssicherheit gelöst werden, die durch die Institutionalisierung für die Lehrpersonen entsteht. Der Trainingsraum gilt als *pädagogisches* Konzept, das selbst nicht als reaktiv-disziplinierend wahrgenommen wird. Die Verantwortung für die Disziplinierung wird somit auf die Schule oder gar die Schüler selbst übertragen (Individualisierung). Auch hiermit wird das Strafproblem entsprechend aus der eigenen Professionalität ausgeklammert, wie Richter schreibt: „Formen der Institutionalisierung von Disziplinierung bieten Lehrkräften die Möglichkeit zur *Distanzierung* von Praktiken des reaktiven Disziplinierens bei gleichzeitiger *Praktizierung* dieser."[214]

In eine ähnliche Kerbe wie die Institutionalisierung von Strafen schlägt auch die Argumentationslinie des ‚gesetzlichen Strafens'. Hierbei werden Strafpraktiken verrechtlicht, etwa in der Klassenkonferenz, die über die Sanktionierungen entscheidet oder über den Rektor, zu dem Schüler infolge ihres Fehlverhaltens geschickt werden. Dabei steht ein juristisches Verständnis von Strafe im Vordergrund, das wesentlich abschreckend wirken soll. Auch hier wird letztlich nicht der konkrete Konflikt behandelt, sondern die Verantwortung abgegeben; wenn die eigene Professionalität scheitert, die Lehrperson mit dem Konflikt nicht zurechtkommt, wird eine Konferenz einberufen. In der Klassenkonferenz etwa wird über die betreffenden Schüler ‚Gericht gehalten', wobei die Klassenlehrerin oftmals Klägerin, Zeugin, Richterin und auch Anwältin zugleich darstellt. Auch in diesem Vorgehen erkennt Richter eine Strategie der Verantwortungsabwälzung, da in Form der Verrechtlichung der Raum des Pädagogischen vermeintlich verlassen wird, auch wenn sich das Problem der Strafe nur in anderer Gestalt stellt: „Während sich Strafpraktiken pädagogisch kaum noch legitimieren lassen, lassen sich diese rechtlich ohne weiteres legitimieren"[215], so ihre Einschätzung. Denn unter dem Mantel des Juristischen stehe „die Sicherung der Ordnung an erster Stelle und [gibt] die Ordnung vor, was Recht und

214 Ebd., S. 234.
215 Ebd., S. 247.

Unrecht ist"[216], während die Pädagogik immer den Einzelnen und dessen Beweggründe im Blick haben müsse.

Richters Interviews und die aus ihnen abgeleiteten Schlussfolgerungen bieten einen kleinen, aber dennoch aufschlussreichen Einblick in den Umgang von Lehrpersonen mit dem Paradoxon schulischen Strafens. Dabei wird deutlich, dass gerade die Reflexion dieser Aporie gekennzeichnet ist von einem Verhalten, das als Verdrängung der Strafe aus dem Unterricht beschrieben werden kann. Dieses ist erstens gekennzeichnet durch die Auffassung von Unterricht als Wissensvermittlung, nicht aber als Ort der Erziehung. Dies hängt auch mit einer negativen Konnotation von Erziehung und der mit dieser vermeintlich verbundenen Strafe zusammen. Aus einem solchen Verständnis leitet sich zweitens die Maxime ab, dass präventive Aktionen bestehend aus der Aufstellung von Regeln, einem ungebrochenen ‚Unterrichtsfluss' sowie verbalen und nonverbalen Signalen zur zügigen Unterbindung von Störungen stets dem als reaktiv wahrgenommenen und den Unterricht zusätzlich unterbrechenden Strafen vorzuziehen seien. Über den Umstand, dass auch diese Form der Prävention wesentlich eine Form der Bestrafung beziehungsweise der Disziplinierung darstellt, kann dabei hinweggesehen werden, da diese sich wesentlich unsichtbarer und leiser vollzieht. Das Kernproblem des präventiven wie des reaktiven Strafens ist jedoch, dass der Konflikt, der sich als Störung oder Disziplinschwierigkeit ausdrückt, gar nicht in den Vordergrund rückt, sondern schlichtweg unterbunden oder ignoriert wird. Falls dennoch gravierendere Verhaltensweisen auftreten, lassen sich diese drittens wegdelegieren: sei es an die Familie, an die Sozialarbeiter, an die Institutionen des Trainingsraums oder der Streitschlichtung oder aber an die juristisch sich gebärdende Klassenkonferenz respektive den Rektor. Mit diesen Maßnahmen wird das Dilemma des schulischen Strafens aus dem Unterricht wie aus der eigenen Professionalität ausgeklammert, nicht aber „zum Gegenstand des eigenen reflexiven Handelns gemacht"[217], wie Richter schreibt. Die Verdrängung stellt dabei sicherlich auch eine Umgangsweise mit dem Paradoxon selbst dar, das zwischen den Anforderungen des ‚gelungenen Unterrichts', der auch von außen an die Lehrpersonen herangetragen wird und deren Anspruch, Schüler möglichst nicht zu Strafen, letztlich meist zu Gunsten des ersteren Prinzips aufgelöst werden müsste, wäre nicht das gesamte Paradox delegierbar. In der schulischen Praxis scheint somit ein Umgang mit Strafe vorzuherrschen, der

216 Ebd., S. 249.
217 Ebd., S. 250.

diese nicht thematisiert oder reflektiert, sondern aus dem Unterricht ausschließt und auf andere Personen oder Institutionen abwälzt.

4. Desiderata für Theorie, Praxis und Forschung

Im bisherigen Verlauf dieser Arbeit konnte gezeigt werden, dass Theorie, Forschung und Praxis des pädagogischen Strafens auf je spezifischen Wegen zu einer ähnlichen Nicht-Behandlung oder Ausklammerung des Themas gelangen. Während die pädagogische Theorie den Komplex des pädagogischen Strafens weitestgehend *tabuisiert*, indem sie die Strafe als unpädagogisch brandmarkt und so aus der pädagogischen Debatte entfernt, verhält sich die Forschung insbesondere dort, wo sie sich auf Foucaults Genealogie bezieht, gegenüber der Strafe normativ *enthaltsam*, da sie diese als der pädagogischen Beziehung immanentes Phänomen begreift. In der Praxis schließlich wird das Thema der Strafe wesentlich *verdrängt*, indem die Verantwortung für die praktische Disziplinierung von Schülern qua Delegierung, Institutionalisierung, Verrechtlichung oder in Form des *classroom management* auf Methoden oder andere Personen abgewälzt wird. Hier besteht eine direkte Linie zur Tabuisierung der Theorie, da das ‚Strafe darf nicht sein' derselben in direktem Bezug zu der paradoxalen Struktur des Schulalltags steht. Ihm steht hier die vordergründige Notwendigkeit des Strafens zur Sicherstellung eines ‚guten Unterrichts' gegenüber.

Ausgehend von diesen Schlussfolgerungen stellt sich die Frage, wie ein Umgang mit dem Paradox des pädagogischen Strafens gefunden werden kann, der die Strafe weder als nicht-sein-dürfende aus dem Diskurs ausschließt, noch sie als unhintergehbaren Bestandteil der pädagogischen Beziehung stets bereits im Voraus affirmiert. Es geht hierbei folglich um die Frage, wie das Paradox in seiner dialektischen Struktur, die in dem Anspruch der Straffreiheit bei gleichzeitiger Sicherstellung der Möglichkeit von Unterricht besteht, kritisch im Bewusstsein gehalten werden kann. Konkret scheint es dabei sinnvoll, die pädagogische Strafe zurück in die Debatte zu holen, sie als alltägliche Praxis wahrzunehmen, und sie zugleich als *nicht-sein-sollende* zu charakterisieren. Im Unterschied zum Nicht-sein-*dürfen* der aktuellen pädagogischen Theorie schließt ein Bewusstsein von Strafe als nicht-sein-*sollender* diese nicht kategorisch als unpädagogisches Mittel aus der Praxis aus, sodass sie nicht tabuisiert und dadurch unreflektierbar wird. Vielmehr ermöglicht ein solcher Ansatz, das Paradoxon des Strafens kritisch bewusst zu machen, indem er es den Beteiligten erlaubt, Strafe als *Ausdruck* des Dilemmas zu verstehen, das aus den unterschiedlichen Ansprüchen an die pädagogische Praxis resultiert. In einfachere Worte gefasst: Strafe als nicht-sein-sollende zu verstehen, bedeutet zu wissen, dass Strafe im pädagogischen Kontext real vorkommt und aufgrund der diametral entgegengesetzten Ansprüche von Individuellem und Allgemeinem vorkommen *muss*, zugleich aber niemals vorkommen *soll*. Ein solcher Ansatz wirkt sich auf Theorie, Forschung und Praxis in einer ähnlichen Struktur aus, die jedoch unterschiedliche Maßnahmen notwendig macht, da jeder Bereich sich in je eigener Art und Weise auf das Phänomen der Strafe bezieht (nämlich theoretisch, erforschend und praktisch). Durch welche Maßnahmen eine solch kritische Reflexion von Strafe als nicht-sein-sollender jeweils ermöglicht werden könnte, wird im Folgenden erläutert.

Für die pädagogische *Theorie* gilt es zunächst, das über das Thema der pädagogischen Strafe verhängte Tabu wieder aufzuheben. Dies bedeutet, dass gerade im deutschsprachigen Raum die Disziplinierung überhaupt wieder zum Thema werden muss. So richtig es ist, die pädagogische Strafe als nicht sein dürfende zu charakterisieren, da ihre negativen Auswirkungen auf die psychische, physische und moralische Entwicklung Heranwachsender hinlänglich bekannt sind, so falsch ist es, die realen Strafprozesse durch die simple Losung ‚Strafe ist unpädagogisch' aus der theoretischen wie praktischen Reflexion zu eskamotieren. Erst eine solche kritische Reflexion ermöglicht es der pädagogischen Theorie überhaupt zu diskutieren, *weshalb* Strafe in der pädagogischen Praxis nach wie vor auftritt und *ob*, bzw. in welchem Grade diese abgeschafft werden kann. Dabei muss die Frage in den Vordergrund rücken, unter welchen Umständen und mit welchen Mitteln die Strafe im pädagogischen Kontext zurückgedrängt werden kann. Es ist klar, dass weder die theoretische Reflexion des Strafphänomens noch ein simples Verbot der Strafe hinreichend sind, die pädagogische Praxis straffrei zu machen. Dem Ideal der straffreien Pädagogik, das es unbedingt aufrecht zu erhalten gilt, steht nämlich stets die materiale Pseudonotwendigkeit der Strafe gegenüber, die aus dem Anspruch der schulischen Bildung auf eine effiziente, geordnete und reibungsfreie Unterrichtung erwächst.

Anzusiedeln wäre eine solche Debatte im Rahmen der allgemeinen Pädagogik und vor allem der allgemeinen Didaktik, da das Thema der pädagogischen Strafe in unterschiedlichem Ausmaß alle pädagogischen Felder betrifft. Im Bereich der familiären sowie der frühkindlichen und schulischen Bildung und Erziehung tritt Strafe sicherlich am häufigsten auf, jedoch ist sie als Phänomen, das auch mit unterschiedlichen Machtverhältnissen innerhalb einer pädagogischen Beziehung zusammenhängt, letztlich in allen pädagogischen Kontexten anzutreffen – auch in der sozialen Arbeit, der Sozialpädagogik, der Hochschule oder der beruflichen Weiterbildung. Der Vorsatz einer straffreien Pädagogik ist dabei als Teil einer nicht-affirmativen pädagogischen Ethik zu begreifen, deren Grundsätze erst noch zu entwickeln wären. Nicht-affirmativ ist diese pädagogische Ethik im Sinne Benners, da sie auf „Erziehung als bejahende Instanz im Dienste außerpädagogischer Positivitäten“[218] zu verzichten sucht. Sie erkennt an, dass wesentliche Maßnahmen der Disziplinierung und Bestrafung im pädagogischen Kontext gerade nicht aus pädagogischen Zielsetzungen heraus erfolgen, sondern diesen geradezu diametral entgegenstehen. Zu oft dient die pädagogische Strafe der Durchsetzung von Machtverhältnissen, der Unterdrückung von Bedürfnissen oder Kritik sowie der Unterordnung des Individuums unter das Allgemeine, also zu dessen Anpassung an gesellschaftliche Normen, als dass diese als Mittel zur Erzeugung einer unabhängigen Mündigkeit gedeutet werden könnte. Gewaltverzicht in der Pädagogik ist kein hehres Ideal, auch keine willkürliche normative Setzung, sondern ergibt sich aus dem Begriff und Anspruch des Pädagogischen selbst im Sinne einer pädagogischen Ethik, die „ein persönliches Interaktionsverhältnis unter Maßgabe pädagogischer Grundprinzipien“[219] bezeichnet. Die allgemeine Pädagogik und Didaktik müssen sich – auch über das Thema der Strafe hinaus – erneut, wenn nicht erstmalig, explizit den Implikationen einer genuin pädagogischen Ethik zuwenden, welche sich nicht aus den Anforderungen des Marktes oder der Gesellschaft herleiten lässt, sondern aus rein pädagogischen Erwägungen erfolgen muss, wie sie bspw. Ursula Reitemeyer anstellt.[220]

Zugleich treibt eine solche Reflexion der Straffreiheit als Grundsatz einer genuin pädagogischen Ethik über dieselbe hinaus. Denn pädagogische Interaktion steht nicht allein unter pädagogischen Anforderungen, sondern auch unter gesellschaftlichen. Insofern ist die Dialektik des Verhältnisses von Freiheit und Zwang, Autonomie und Abhängigkeit, Besonderem und Allgemeinem nicht ohne Berücksichtigung außerpädagogischer Verhältnisse zu verstehen. Vielmehr spiegeln sich diese in der pädagogischen Praxis wider. Die empfundene Notwendigkeit der Strafe innerhalb der Schule resultiert weniger aus dem pädagogischen Selbstverständnis von Lehrpersonen als aus den äußeren Anforderungen, die an sie als gesellschaftliche Akteure herangetragen werden. Die Schule reproduziert eine Ordnung der Strafe wesentlich deshalb, weil die gesellschaftliche Ordnung – allem voran im Berufsleben – disziplinierte Individuen verlangt. Pädagogische Theorie muss entsprechend auch außerpädagogische Verhältnisse in ihre Reflexion mit-

---

218 Benner, D. (1982). Bruchstücke zu einer nicht-affirmativen Theorie pädagogischen Handelns. *Zeitschrift für Pädagogik 28* (6), S. 952.

219 Reitemeyer, U. (2021). Pädagogische Ethik. Online-Publikation, abrufbar unter https://www.uni-muenster.de/imperia/md/content/ew/forschung/feuerbach/padagogische_ethik.pdf, S. 3.

220 Vgl. Ebd.

einbeziehen, will sie das Phänomen der Strafe im Kontext der Pädagogik adäquat erfassen.

Als Beispiel – wenn auch nicht als Vorbild – für eine solche theoretische Debatte kann ihr englischsprachiges Pendant dienen. In diesem Sprachraum ist in jüngster Vergangenheit erneut eine Diskussion über das pädagogische Strafen ausgebrochen. Dort hat sich dazu ein britisch-amerikanisches, interdisziplinäres Team gefunden, das sich unter dem Namen ‚Pedagogies of Punishment' versammelt hat, um die Frage „How and why should schools punish students (if at all)"[221] zu debattieren. Daraus entstehen unterschiedlichste Debattenbeiträge. Auch wenn das engere Team einen eher affirmativen Ansatz verfolgt, schulisches Strafen für notwendig hält und lediglich die Strafpraxis in Form einer ‚restorative justice' reformieren will, die stark dem Prinzip der Streitschlichtung ähnelt, so ist ihr doch hoch anzurechnen, die Debatte im englischsprachigen Raum überhaupt wieder aufgenommen zu haben. So sind etwa als Reaktion auf Michael Hands Verteidigungsschrift der Strafe unter dem Titel *On the necessity of school punishment*, erschienen in der Sonderausgabe *Pedagogies of Punishment* des Journals *Theory and Research in Education* (2020)[222] bereits wenige Monate später im selben Organ zwei Kommentare veröffentlicht worden, die auf Hands Legitimationsversuch kritisch eingehen und sich eher für die Abschaffung der Strafe aussprechen.[223] In die Sonderausgabe fand zudem ein intelligenter Artikel von Bryan Warnick und Campbell Scribner mit dem Titel *Discipline, punishment and the moral community of schools* Eingang,[224] in dem diese dafür plädieren, Schulen wieder vermehrt als einen Schutz- und Lernraum anzusehen, in dem auch moralisches und disziplinäres Fehlverhalten als Lernprozesse angesehen werden und entsprechend nicht mit rigorosen Strafen zu belegen sind.

In einem weiteren Sinne wäre es eine Aufgabe der pädagogischen Theorie, der Praxis gewissermaßen als Kontrastfolie zu dienen. In Anlehnung an Wolfdietrich Schmied-Kowarzik bedarf der Erzieher „einer Aufklärung und Anleitung durch eine Theorie der Erziehung, die aus seiner Perspektive heraus dialektisch-heuristische bzw. -phänomenologische Aufhellung der

221 Einzusehen auf dem Internetauftritt der Forschungsgruppe, abrufbar unter https://www.pedagogiesofpunishment.com/

222 Vgl. Hand, M. (2020). On the Necessity of School Punishment. *Theory and Research in Education 18* (1).

223 Vgl. Martin, C. (2020). Punishment and the Argument from Necessity: A Reply to Hand. *Theory and Research in Education 18* (3) sowie Goodman, J. (2020). Commentary: Michael Hand's ‚On the Necessity of School Punishment'. Ebd.

224 Vgl. Warnick, B. R., & Scribner, C. F. (2020). Discipline, Punishment and the Moral Community of Schools. *Theory and Research in Education 18* (1).

vorliegenden und aufgegebenen Praxis für die bewusste Bewältigung durch den Erzieher zu sein hat."[225] Schmied-Kowarzik begreift das Theorie-Praxis-Verhältnis in der Pädagogik als ein dialektisches Verhältnis, in dem Theorie und Praxis wechselseitig aufeinander angewiesen sind. Zwar sei Pädagogik primär Praxis, da ihr Gegenstand der jeweils gelebten Erziehung und Bildung entspringe, jedoch könne eine auf sich allein gestellte Praxis nicht ihren eigenen Sinnhorizont reflektieren, entsprechend auch nicht das Erziehungsziel oder das ‚Sollen' der Erziehung ermitteln. Dazu benötige sie die Theorie und Wissenschaft im Sinne einer „Aufklärung des Menschen als Tat des Menschen."[226] Ohne eine solch theoretische Reflexionsfolie laufe die Praxis immerzu Gefahr, sich entweder als „‚natürliche' Einübung" oder als „transzendente ‚Weisheit'"[227] zu verklären. Die Erziehungswissenschaft muss entsprechend Theorien anbieten, die mitgebrachte Überzeugungen (natürliche Einübung) sowie tradierte Lehrmuster (transzendente Weisheit) infrage zu stellen vermögen und Alternativen zu diesen anbieten. Gerade im Bereich der pädagogischen Strafe sind Überzeugungen (‚Strafen ist unvermeidlich', ‚Strafen sind ein Mittel *ultima ratio*') sowie tradierte Muster, die gerade im Referendariat weitergegeben werden (‚ein wirksames Mittel der Disziplinierung ist die Strafarbeit') weit verbreitet. Vor dem Hintergrund der Strafe als nicht-sein-sollender kann die pädagogische Theorie entsprechende Aufklärung über ‚den Menschen als Tat des Menschen' anbieten, anhand derer Lehrpersonen ihre eigenen Überzeugungen vergleichen und korrigieren oder vor deren Hintergrund sie ihr eigenes Handeln reflektieren können. So kann mit solcher Aufklärung etwa die Frage danach gestellt werden, wie in einer Situation, in der es zu einer Disziplinierung gekommen ist, anders hätte gehandelt werden können.[228]

---

225 Schmied-Kowarzik, W. (2008). *Das dialektische Verhältnis von Theorie und Praxis in der Pädagogik*. Kassel: Univ. Press. S. 140.

226 Ebd., S. 138.

227 Ebd.

228 Schmied-Kowarziks Idee eines dialektischen Theorie-Praxis-Verhältnisses enthält deutliche Anleihen aus Überlegungen der so genannten *Geisteswissenschaftlichen Pädagogik*. So lässt die Idee einer Aufklärung der in vorgängig praktischen Pädagogik mittels der Theorie an Wilhelm Flitners Vorstellung der wissenschaftlichen Pädagogik als einer „reflexion engagée" (Vgl. Flitner, W. (1985). *Das Selbstverständnis der Erziehungswissenschaft der Gegenwart*. Heidelberg: Quelle & Meyer, S. 18.) oder Erich Wenigers „Theorie dritten Grades" (vgl. Weniger, E. (1990). Theorie und Praxis in der Erziehung. In ders., *Ausgewählte Schriften zur geisteswissenschaftlichen Pädagogik*. Weinheim: Beltz, S. 41ff.), die den Praktiker über sein eigenes theoretisches Vorverständnis aufklären soll, denken. Jedoch geht eine Dialektik von Theorie und Praxis über ein solches Verständnis in einem entscheidenden Schritt hinaus. Weniger und Flitner begingen den Fehler, vom *zeitlichen* Vorrang der Praxis auf ein generelles Primat der *Erziehungswirklichkeit* zu schließen; ihnen konnte es ent-

Im Bereich der pädagogischen *Forschung* ist das vorrangige Ziel, die normative Enthaltsamkeit in Bezug auf pädagogisches Strafen abzulegen. Bei der Formulierung, dass Strafe nicht sein soll, handelt es sich keineswegs um eine reine Setzung, sondern dieses Postulat erwächst aus den Betrachtungen der Strafe, die in dieser Arbeit angestellt wurden. Strafe ist ein historisch und gesellschaftlich gewachsenes Mittel zur Reproduktion gesamtgesellschaftlicher Strukturen und ist somit sowohl in ihrer Form als auch als ganze kontingent. Forschungsansätze wie diejenigen, die in Kapitel 2 dieser Arbeit vorgestellt wurden, begreifen die Strafe jedoch als eine dem pädagogischen Verhältnis eingeschriebene ontologische Struktur, deren Überwindung oder Abschaffung unmöglich sei. Zugleich dient ein solches Postulat nicht der Rechtfertigung eines Forschungsansatzes, der die Praxis des Strafens mit der Norm des Nichtstrafens zu vergleichen sucht und ihr daraus hervorgehend ein Defizit unterstellt. Es geht entsprechend nicht um empirische Untersuchungen, die das nach wie vor vorhandene pädagogische Strafen feststellen und mit der Kontrastfolie der Theorie moralistisch verurteilen. Pädagogische Strafforschung muss vielmehr die Wechselwirkungen von Theorie und Praxis, normativem Anspruch und praktischem Scheitern dieses Anspruchs im Blick behalten. Sie arbeitet im Sinne einer negativen Dialektik darauf hin, die widersprüchlichen Bedingungen der Strafpraxis zu analysieren, ohne dabei davon auszugehen, dass etwa ein Verbot der Strafe dieses in der Realität restlos beseitigt. Ohne grundlegende Forschung ist nicht zu sagen, wie eine straffreie Pädagogik aussehen kann – ohne das Postulat einer gewaltfreien Pädagogik wiederum ist die Perpetuierung ihres Gegenteils bereits vor jeder Forschung beschlossene Sache.

Zunächst gilt es für die Forschung, sich von der Vorstellung der Strafe als unaufhebbarem Moment der pädagogischen Beziehung zu lösen. Dies

---

sprechend immer nur darum gehen, die bereits vorgefundene Erziehungspraxis zu läutern, nicht aber deren Ziele und Methoden in Gänze in Frage zu stellen. Dies stellt – neben einer langen Reihe weiterer falscher Prämissen – einen Grund für die Anfälligkeit der *Geisteswissenschaftlichen Pädagogik* für den Nationalsozialismus dar. Zwar schreibt auch Schmied-Kowarzik, dass sich die Erziehungswissenschaft dem „praktischen Primat" unterordnen müsse (S. 140), jedoch ist hiermit lediglich gemeint, dass die Theorie nicht ohne Berücksichtigung der realen Praxis dieser etwa das Erziehungsziel vorgeben dürfe. Die Theorie sei also insofern auf die Praxis angewiesen, als diese ihr das reale Material liefere, zugleich eine Vermittlung beider „nirgends anders als in der bewussten Praxis des Erziehers" (ebd.) liege. Der Erzieher aber bedarf zugleich der Theorie, und zwar einer aufklärerischen, die „auf ein noch ausstehendes, menschlicheres Zusammenleben" aus ist, welches „über das Bestehende hinaus[drängt]" (ebd.). Eine dialektische Bestimmung von Theorie und Praxis verhütet sowohl den oft gefürchteten Elfenbeinturm der Theorie wie auch einen Rückfall der Praxis in die Barbarei der reflexionslosen Praxis.

bedeutet nicht, Foucaults Theorie vollends zu verwerfen – es muss aber bedeuten, dessen Machtontologie aufzugeben. Während Macht nach wie vor ein wesentliches Moment der pädagogischen Beziehung darstellt und als solches reflektiert und analysiert werden muss, ist es nicht die Macht selbst, die diese Beziehung hervorruft. Vielmehr sind die Machtstrukturen den menschlichen Verhaltensweisen eingeschrieben und durch diese veränder-, vielleicht sogar aufhebbar. Die Forschung täte gut daran, sich erneut Forschungsansätzen und Theorien zu widmen, die diesen Umstand bereits reflektiert hatten. Dazu zählen etwa kritische Re-Lektüren von Sigfried Bernfelds *Sisyphos oder die Grenzen der Erziehung*, Adornos und Horkheimers *Dialektik der Aufklärung* sowie Andreas Gruschkas Studie *Bürgerliche Kälte und Pädagogik*[229], welche allesamt das Verhältnis von Besonderem und Allgemeinem und dessen Ausdruck in Form der Strafe (auch) im pädagogischen Verhältnis thematisieren, dieses dabei aber als menschengemachtes begreifen.

Ein solcher, dialektisch-materialistischer Ansatz kann und darf sich jedoch nicht mit theoretischen Überlegungen bescheiden. Indem er das Phänomen der Strafe als reales, sich aus der menschlichen Praxis formierendes begreift, muss gerade diese Praxis in den Blick geraten. Über die theoretische Grundlegung von Forschungsansätzen hinaus benötigt es also wesentlich auch empirische Forschung, zumal diese auf dem Feld des pädagogischen Strafens bislang nahezu nicht vorhanden ist. Dabei muss in den Blick genommen werden, *warum* und *wie* gestraft wird, welche objektiven Kriterien (etwa gesetzliche Vorgaben, Zeitmangel etc.) sowie subjektiven Eindrücke und Legitimationsstrategien der beteiligten Personen die Strafpraxis bestimmen. Nur so kann ausgemacht werden, welche Bedingungen letztlich in Strafpraktiken resultieren und wie diese Bedingungen verändert werden können, um das Strafen zurückzudrängen oder aufzuheben. Dazu gehört insbesondere auch, die subjektiven Erfahrungen und Erlebnisse von Schülern in die Forschung miteinzubeziehen, da deren Anspruch auf Unversehrtheit in der Forschung ebenso wenig betrachtet wird wie ihre Einschätzung von Konfliktsituationen oder den Strafen vorausgehenden Episoden. Wie sich die Educanden verhalten und welche Bedürfnisse, Strukturen oder Emotionen zu ihrem vermeintlichen Fehlverhalten, das mit der Strafe belegt wird, führen, ist in diesem Kontext bisher nicht thematisiert worden.

---

229 Vgl. Bernfeld, S. (2000). *Sisyphos oder die Grenzen der Erziehung*. Frankfurt/Main: Suhrkamp; Horkheimer, M., Adorno, Th. W. (2013). *Dialektik der Aufklärung. Philosophische Fragmente*. 21. Auflage. Frankfurt/Main: Fischer; Gruschka, A. (1994). *Bürgerliche Kälte und Pädagogik. Moral in Gesellschaft und Erziehung*. Wetzlar: Büchse der Pandora.

Forschungstheoretische sowie empirische Ansätze müssen sich entsprechend ergänzen und einander beeinflussen. Um den richtigen Forschungsansatz finden zu können, der die Möglichkeiten zur Abschaffung der Strafe auslotet, muss das Phänomen der Strafe genauer unter die Lupe genommen werden – umgekehrt wirkt sich der jeweilige Forschungsansatz immer auch auf das Phänomen der Strafe aus bzw. darauf, welche Aspekte derselben fokussiert werden. Es benötigt also zunächst eine breite Palette an Forschungsansätzen und Studien, um das Phänomen studieren zu können – allemal muss diese Palette sich von der einseitigen Beschäftigung mit einem foucaultschen Begriff der Macht verabschieden, will sie pädagogisches Strafen nicht ontologisieren und somit der pädagogischen Praxis als schlechte Unendlichkeit einschreiben.

Dem Problem der Verdrängung oder Verantwortungsdelegierung von Strafe innerhalb der *Praxis* sollte mit einer Stärkung der Reflexion des eigenen pädagogischen Verhaltens begegnet werden. Wesentlich für diese Reflexion ist das Bewusstsein über die eigene *pädagogische Haltung* von Lehrpersonen. Eine solche pädagogische Haltung besteht in Bezug auf das hier bearbeitete Thema unter anderem darin, Erziehung und Bildung nicht als einander ausschließende, sondern als immer miteinander verknüpfte Prozesse im Rahmen pädagogischer Praxis zu betrachten. Dabei ist Erziehung keineswegs die repressive Kehrseite von Bildung, sondern beide bezeichnen Formen der Auseinandersetzung der älteren Generation mit der Jüngeren. Sowohl Erziehung als auch Bildung müssen dabei gewaltfrei durchgeführt werden.

Doch eine pädagogische Haltung geht noch weit über diesen Sachverhalt hinaus. Sie bestimmt Lehrpersonen also nicht allein als verlängerten Arm der staatlichen Vorgaben, sondern begreift sie als aktiv in den Lehr-Lern-Prozess eingreifende Individuen, die das eigene Verhalten reflektieren und sich im Sinne der Schüler engagieren, deren Bedürfnisse und Interessen zum Bestandteil der eigenen Arbeit machen. Armin Bernhard begreift die pädagogische Haltung entsprechend als „eine über Bildung zustande gekommene, nachdrücklich empathische Einstellung gegenüber dem Entwicklungs- und Sozialisationsprozess von Kindern und Jugendlichen, die dem Ziel mündiger Selbstverfügung engagiert verpflichtet ist.“[230] Mit den Anforderungen, die die Schule an die Lehrpersonen sowie die Schüler stellt, werde ein solches Engagement jedoch nahezu verunmöglicht, so Bern-

230 Bernhard, A. (2019). Pädagogische Haltung – Ein Essay zu ihrer Bedeutung aus der Perspektive einer Kritischen Pädagogik. In C. Rotter, C. Schülke, & C. Bressler (Hrsg.), *Lehrerhandeln – eine Frage der Haltung?* Weinheim: Beltz, S. 70.

hard. Sie steht selbst im Widerspruch zu einer pädagogischen Haltung, da in ihrem Zeit- und Organisationsregime in Form des heimlichen Lehrplans kaum Platz für kritische Reflexion vorhanden ist. Bernhard bezeichnet die Schule entsprechend polemisch als einen „der unpädagogischsten Orte der Gesellschaft“[231]. Je erdrückender jedoch die Verwaltung von Schulorganisation, Lehrinhalten und Prüfungen wird, desto wichtiger wäre eine pädagogische Haltung, die diesen Tendenzen auch entgegenwirkt. Diese bestünde wesentlich in Form einer Kommunikation, die sich zwar des Macht- und Wissensungleichgewichts von Lehrperson und Schüler bewusst ist, dieses jedoch nicht auszunutzen trachtet, sondern das Kind in seiner Verletzlichkeit und Individualität anerkennt und ihm die Mittel der Kommunikation an die Hand gibt, die ihm ermöglichen, das Gefälle auf die Dauer auszugleichen. Unter Verweis auf pädagogische Überlegungen zur Praxis bei Buber, Korczak und Freire[232] gehören für Bernhard Empathie, Ermutigung und Provokation zu den Grundprinzipien einer pädagogischen Haltung.

Eine solche Haltung bedeutet auch, die wenigen Freiräume innerhalb eines ‚verwalteten Unterrichts‘[233] zu nutzen. Oliver Geister zufolge kann die Schule als ein Ort angesehen werden, der wesentlich durch seine Arbeitsteilung, den Status des Beamtentums, seine Hierarchien sowie seine Vorschriften verwaltet ist. Diese Vorschriften dehnten sich auch in Folge des PISA-Schocks immer weiter aus: neben der Ordnung von Zeiten (Unterrichtsbeginn, Pausenzeiten, Ferien, außerschulische Zeit, Ganztagsschule) und Räumen (Sitzordnung, Architektur) schränken Ordnungen auch zunehmend Abläufe, Inhalte und Prüfungsformate ein. Inhalte und Abschlüsse werden etwa über Bildungsstandards und Regelungen des Zentralabiturs zwecks einer Vergleichbarkeit von Ergebnissen zunehmend standardisiert. Eine pädagogische Haltung aufrecht zu erhalten, wird somit immer schwieriger, geht doch mit jeder neuen Reform auch ein neuer Verwaltungsakt einher. Dort aber, wo Lehrpersonen ihre Freiheit noch ausüben können, etwa in der Entscheidung über Noten, im Gespräch vor und nach dem Unterricht, in der Kooperation mit Sozialarbeit und Schulpsychologie sowie in der Gestaltung ihres Unterrichts sollten diese Freiräume im Sinne einer pädagogischen Haltung genutzt werden. Auch hierbei handelt es sich

231 Ebd., S. 77.

232 Vgl. Buber, M. (1999). *Reden über Erziehung*. 11. Auflage. Gütersloh: Gütersloher Verlagshaus; Korczak, J. (1999). Das Recht des Kindes auf Achtung. In ders. (Hrsg.), *Sämtliche Werke*, Bd. 4. Gütersloh: Gütersloher Verlagshaus; Freire, P. (1973). *Pädagogik der Unterdrückten. Bildung als Praxis der Freiheit*. Reinbek: Rowohlt.

233 Vgl. Geister, O. (2006). *Die Ordnung der Schule. Zur Grundlegung einer Kritik am verwalteten Unterricht*. Ethik im Unterricht, Bd. 7. Münster: Waxmann.

um die praktische Form einer pädagogischen Ethik, deren Bestandteile auch eine pädagogische Theorie zu reflektieren hat. Mit Ursula Reitemeyer ist für die Abwägung einer „Kompatibilität von Verwaltungsmaßnahmen und pädagogische[n] Prinzipien" zu plädieren, bei der „im Zweifelsfall das pädagogische Argument schwerer [wiegt] als das verwaltungstechnische"; ein solches kann jedoch „nur von Gewicht sein, wenn es vorgebracht wird."[234] Die pädagogische Haltung umfasst entsprechend auch ein Eintreten für das Interesse der Schüler im Sinne ihrer Bildung und Mündigwerdung, im Zweifel auch gegen Verwaltungsregime, die diesem entgegenstehen. Es ist unfraglich, dass solche Akte der Solidarität starken Widerstand hervorzurufen vermögen und Lehrpersonen unter enormen Druck setzen – zugleich sind sie jedoch die einzige Möglichkeit, praktische Veränderung herbeizuführen, die auch zu einer Neuordnung der Bedingungen führen können, unter denen Unterricht stattfindet. Und diese Bedingungen sind es, in deren Erfüllung die Strafe aktuell oftmals als notwendiges Mittel erscheint.

Der Ort, um eine solche pädagogische Haltung anzunehmen, kann nur in der eigenen Praxis liegen. Sie kann der Lehrperson nicht von außen aufgezwungen werden, diese muss sie aus eigenem Willen und eigener Überzeugung annehmen. Jedoch kann die Universität als Ort dienen, an dem *vor* der Praxis Anreize zu einer solchen Reflexion geschaffen werden. Der bereits kritisch diskutierte Pädagoge Friedrich Thiemann verfolgte einen solchen Ansatz in seiner eigenen Lehre in den 1980er Jahren.[235] Dabei forderte er Studenten in seinen Seminaren dazu auf, sich Schulszenen in Erinnerung zu rufen, die bereits ein diffuses Vorwissen zum Themenkomplex des pädagogischen Strafens darstellten. Diese eigenen Erfahrungen mit Strafe und Disziplinierung sollten dabei so detailliert wie möglich beschrieben werden. Thiemann generierte aus diesen Beschreibungen dann prototypische Szenen, die im Seminar gemeinsam bearbeitet und reflektiert wurden, um ein zukünftiges ethisches Verhalten auszuarbeiten.[236] Einen ähnlichen Ansatz verfolgte auch Andreas Gruschka in seiner Einzelfallstudie *Mit Regelverletzungen umgehen* (2003).[237] Gruschka nahm dabei ein Praktikumsprotokoll einer angehenden Erzieherin zum Anlass, das eigene Verhalten im Paradox von nicht-strafen-wollen und strafen-müssen zu reflektieren. Dabei stellte er heraus, dass wesentlich die augenscheinliche Wirksamkeit des Strafens zur Unterdrückung unerwünschten Verhaltens in der Praxis dazu führt, Strafen

234 Reitemeyer-Witt, U. (2021). Pädagogische Ethik, S. 10.
235 Vgl. Thiemann, F. (1985). *Schulszenen.*
236 Vgl. Ebd., S. 13f.
237 Vgl. Gruschka, A. (2003). Mit Regelverletzungen umgehen – Was dabei gelernt werden kann und muss. *Pädagogische Korrespondenz 30* (3).

als legitimes Mittel der Pädagogik anzusehen, sodass der eigene Widerstand gegen die Disziplinarpraxis mit zunehmender Praxiserfahrung schwindet. Die Anfertigung und Reflexion derartiger Protokolle, beispielsweise während des Praxissemesters könnte ein Anlass sein, das eigene Verhalten zu thematisieren und den Sachzwängen der Praxis die Reflexion der eigenen pädagogischen Haltung gegenüberzustellen. Die Entwicklung einer solchen Haltung ist für gelingende Pädagogik, die die Interessen und Bedürfnisse des Kindes nach einer straffreien Bildung und Erziehung ernst nimmt, unabdingbar. Sie setzt dabei jedoch sowohl individuelle pädagogische Freiheiten als auch mehr Zeit und Raum für Reflexion in der allgemeinen Didaktik voraus, die unter den aktuellen universitären Kapazitäten kaum als gegeben gelten dürfen. Die Re-Etablierung einer allgemeinen Didaktik jenseits des Kompetenzbegriffs, eine Reform der überhand nehmenden Verwaltung von Schule sowie die Förderung einer Selbstreflexion der eigenen Haltung stellen entsprechend Maßnahmen dar, die für eine straffreie Erziehungspraxis unabdingbar sind.

Pädagogische Theorie, Forschung und Praxis stehen dabei keineswegs jeweils für sich allein in einem luftleeren Raum. Ihre Verzahnung und gegenseitige Beeinflussung müssen ihren Ort gerade an der Universität finden, wo sie im Sinne eines Bildungsideals der Einheit von Forschung und Lehre zueinander in Bezug gesetzt werden können. Die einzelnen Disziplinen müssen dabei jeweils die Realitäten und Erkenntnisse der anderen Bereiche in ihre Reflexion mit aufnehmen, um das zunehmende Auseinanderdriften von Theorie, Forschung und Praxis nicht weiter zu begünstigen. Das Ideal einer straffreien Erziehung ist ein komplexes Unterfangen, das nur gemeinsam bewältigt werden kann.

5. Fazit und Ausblick

In einer Schlussszene von Helmut Weiss' berühmtem Film *Die Feuerzangenbowle* (1944) kommt das Verhältnis pädagogischen und gesellschaftlichen Strafens besonders gut zum Ausdruck. Während der Betrachter im Verlaufe des Films Heinz Rühmann beim Ausüben verschiedenster Schüler- und Schelmenstreiche beobachten konnte, unterhalten sich der Oberlehrer Dr. Brett und Professor Bömmel über die ‚neuen Methoden' der Pädagogik. Es kommt zu folgendem Dialog:

> „Bömmel: Aber ich bin für die neuen Methoden zu alt.
>
> Brett: Sehen Sie, lieber Bömmel. [...] Junge Bäume, die wachsen wollen, muss man anbinden, dass sie schön gerade wachsen, nicht nach allen Seiten ausschlagen und genauso ist es mit den jungen Menschen. Disziplin muss das Band sein, das sie bindet, zu schönem, geradem Wachstum.
>
> Bömmel: Brett, das mit den Bäumen, das haben Sie schön gesagt. Und haben Sie nun keine Angst, dass Ihnen die Bäume in den Himmel wachsen?
>
> Brett: Nein, keine. Dafür sorgt schon das Leben.
>
> Bömmel: Haben Sie das auch schon gemerkt?"[238]

Die Episode des Films betont die Kulanz der Lehrpersonen im Film gegenüber den an ihnen vollzogenen Streichen. Schließlich besteht in der Metapher der angebundenen Bäume eine gewisse Ambivalenz fort, die darin ausgedrückt wird, dass die Bäume zwar angebunden, die Schüler also diszipliniert werden sollen, diese Disziplinierung jedoch zumindest potentiell einen unerwünschten Ausgang findet; den der Überwindung sozialer Normen und Schranken, die sich in der Metapher des in-den-Himmel-wachsens ausdrücken. Den Schülern wird also ein gewisser Spielraum an Freiheit und Auflehnung zugestanden. Dass dieser Spielraum jedoch nicht überhandnimmt, wird durch die Gesellschaft (*das Leben*) gewährleistet, in der ohne Disziplinierung kein Auskommen ist. Allein das Bewusstsein darüber, dass das Leben im Zweifel die Disziplinierung ersetzt, die in der Schule nicht in aller Strenge vollzogen wird, lässt Oberlehrer Brett seine begrenzte Kulanz gegenüber dem Verhalten der Schüler möglich werden. Allein, die ‚neue' Methode, für die Professor Bömmel vermeintlich zu alt ist, entpuppt sich als die alte Methode in neuem Gewand. Das verschwörerische Band

---

238 Weiss, H. (1944). *Die Feuerzangenbowle.* 1:25:13–1:25:45.

zwischen Bömmel und Brett wird durch die geteilte Einsicht darin geknüpft, dass die Disziplinierung, die die Schule nicht zu leisten vermag, schließlich von der Gesellschaft erbracht wird.

Die beschriebene Szene enthält in dieser Interpretation zwei paradigmatische Erkenntnisse der vorliegenden Arbeit. Sie verweist einerseits darauf, dass Disziplinierung im Rahmen der Schule nicht isoliert von gesellschaftlichen Verhältnissen bestehen kann. Gesellschaft und Schule stehen allein aufgrund des institutionellen Charakters letzterer in ständiger Wechselwirkung miteinander. Der disziplinierende Impetus schulischen Strafens wird immer wieder auch damit legitimiert, auf das Leben vorzubereiten, ebenso wie der Wandel der Strafpraktiken gesellschaftlichen Debatten und Entwicklungen unterliegt. Letzteres gilt nicht allein für die pädagogische Praxis, sondern ebenso für ihre Theorie und Forschung. Der in dieser Arbeit beschriebene Wandel und die aktuellen Umgangsformen mit Strafe, die als *theoretische Tabuisierung*, *forschende Enthaltsamkeit* und *praktische Verdrängung* beschrieben wurden, sind keine Entwicklung, die sich rein innerpädagogisch vollzogen hat, sondern gerade in der Auseinandersetzung mit gesellschaftlichen Debatten und Anforderungen erst entstehen konnten. So ist die Tabuisierung von Strafe in der Theorie wesentlich auf die gesellschaftliche Ächtung der Strafe zurückzuführen, die Enthaltsamkeit der Forschung auf die Naturalisierung und Ontologisierung von Machtverhältnissen und die Verdrängung der Praxis auf die gesellschaftlich-politische Forderung nach einem effizienten und störungsfreien Unterricht. Andererseits zeigt der Dialog der beiden Lehrer, dass eine Kritik der Strafe und der Wandel ihrer Methoden nicht gleichbedeutend mit deren Abschaffung sind. Das rigorose Strafen der ‚neuen' Methode und eine gewisse Kulanz in ihrer ‚alten' Ausprägung führen letztlich zum selben Ergebnis: der Disziplinierung durch Schule und Gesellschaft in je unterschiedlicher Gewichtung.[239]

Die jüngeren Entwicklungen im Umgang pädagogischer Theorie, Forschung und Praxis mit dem Problem der pädagogischen Strafe haben entsprechend zu einer De-Thematisierung derselben geführt. Dieser Entwicklung wurde entgegengehalten, dass allein eine erneute Beschäftigung und

239 Die Filmszene bietet darüber hinaus einen aufschlussreichen Blick in das Verständnis der Nationalsozialisten von schulischer Disziplinierung. Denn in der Romanvorlage des Films ist diese Szene nicht existent. Sie spiegelt jedoch die NS-Pädagogik insofern, als diese in ihrer Selbstbeschreibung als ‚neuer Zeit' auch ‚neue Methoden' forderte. In der hier vorliegenden Interpretation der in der Pädagogik viel und auf unterschiedlichste Weise verwendeten Baummetapher kommt auch Peter Petersens Anspruch zum Ausdruck, nicht autoritär-persönlich zu strafen, sondern die Strafe durch gesellschaftlichen Anpassungsdruck sich vollziehen zu lassen, vgl. Petersen, P. (1937). *Führungslehre des Unterrichts*. Langensalza: Beltz, S. 47.

Kritik der pädagogischen Strafe und ihrer Ausprägungen dazu in der Lage ist, die dialektische Struktur derselben zu erfassen und sie auf den Prüfstand zu stellen. Das Postulat, Strafe solle nicht sein, mag radikal erscheinen. Es allein jedoch ist als Gegenpol zur aktuell weit verbreiteten Naturalisierung von Strafe dazu in der Lage, die Grenzen der straflosen Pädagogik auszuloten, indem es dieses radikal infrage stellt. Mit Adornos Überlegungen zum Theorie-Empirie-Verhältnis in seiner *Theorie der Halbbildung* (1959) kann gesagt werden, dass es genau einen solchen Gegenpol benötigt, um die Illusion der Unhintergehbarkeit von Strafe zu enttarnen: „Ohne jenes Sich-zu-weit-Vorwagen der Spekulation jedoch, ohne das unvermeidliche Moment von Unwahrheit in der Theorie wäre diese überhaupt nicht möglich: sie beschiede sich zur bloßen Abbreviatur der Tatsachen, die sie damit unbegriffen, im eigentlichen Sinn vorwissenschaftlich ließe."[240]

Die Forderung nach einer radikalen Abschaffung von Strafe im pädagogischen Kontext wagt sich aller Voraussicht nach im Sinne Adornos zu weit vor. Auch mit dieser Studie bleibt noch unklar, wo die Grenzen einer solchen Forderung realiter liegen. Es drängen sich hier insbesondere Fragen nach Disziplinierungen in der frühen Kindheit auf, die notwendig sein könnten, um überhaupt ein soziales Miteinander zu ermöglichen – etwa gesellschaftliche Konventionen von Hygiene und Manieren, die das Menschsein fundamental ausmachen, dem Kind jedoch zumeist gegen den eigenen Willen aufgezwungen werden. Ein weiterer Grenzfall dürfte derjenige der narzisstischen Kränkung sein, der wohl mit jeder Bildungs- und Erziehungserfahrung einhergeht, denn ohne ein Moment der Irritation, der Entfremdung, der Erschütterung des eigenen Selbst- und Weltbildes dürfte es auch keine Bildung geben. Inwiefern es sich bei diesen Fällen um tatsächliche Notwendigkeiten handelt, inwiefern bei ihrer Anwendung überhaupt von Strafe und Gewalt gesprochen werden kann, muss anderweitig geklärt werden. Diese und ähnliche Fragen stellen sich jedoch nur, wenn man der weitestgehenden Akzeptanz des pädagogischen Strafens den Spiegel in Form der Forderung nach seinem Nicht-sein-sollen vorhält.

---

240 Adorno, Th. W. (1959). Theorie der Halbbildung. In ders., *Soziologische Schriften I*, Gesammelte Schriften Bd. 8, herausgegeben von Rolf Tiedemann. Frankfurt/Main: Suhrkamp, S. 101.

Bibliographie

Adorno, Th. W. (1959). Theorie der Halbbildung. In ders. (Hrsg.), *Soziologische Schriften I*, Gesammelte Schriften Bd. 8, herausgegeben von Rolf Tiedemann. Frankfurt/Main: Suhrkamp. S. 93–121.

Balke, S. (2003). *Die Spielregeln im Klassenzimmer: Das Handbuch zum Trainingsraum-Programm*. Bielefeld: Karoi-Verlag.

Balzer, N. (2014). Rezeption – Pädagogik. In C. Kammler, R. Parr, & U. J. Scheider (Hrsg.), *Foucault-Handbuch – Leben – Werk – Wirkung*. Stuttgart: J.B. Metzler. S. 406–416.

Dies. (2020). Pädagogik. In Kammler, C., Parr, R., Schneider, U. J. (Hrsg.), *Foucault-Handbuch. Leben – Werk – Wirkung*. 2. Auflage. Stuttgart: Metzler. S. 463–474.

Benner, D. (1982). Bruchstücke zu einer nicht-affirmativen Theorie pädagogischen Handelns. *Zeitschrift für Pädagogik 28* (6), S. 951–967.

Bernfeld, S. (2000). *Sisyphos oder die Grenzen der Erziehung*. Frankfurt/Main: Suhrkamp.

Bernhard, A. (2019). Pädagogische Haltung – Ein Essay zu ihrer Bedeutung aus der Perspektive einer kritischen Pädagogik. In C. Rotter, C. Schülke, & C. Bressler (Hrsg.), *Lehrerhandeln – eine Frage der Haltung?* Weinheim: Beltz. S. 70–89.

Bokelmann, H. (1970). Pädagogik: Erziehung, Erziehungswissenschaft. In: J. Speck, & G. Wehle (Hrsg.), *Handbuch pädagogischer Grundbegriffe*. München: Kösel, S. 178–267.

Bröckling, U. (2017). *Gute Hirten führen sanft. Über Menschenregierungskünste*. Frankfurt/Main: Suhrkamp.

Buber, M. (1999). *Reden über Erziehung*. 11. Auflage. Gütersloh: Gütersloher Verlagshaus.

Bueb, B. (2006). *Lob der Disziplin. Eine Streitschrift*. Berlin: List.

Campe, J. H. (1788). *Ueber das Zweckmäßige und Unzweckmäßige in den Belohnungen und Strafen*. Wien: Grässer.

Colletti, L. (1977). *Marxismus und Dialektik*. München: Ullstein.

Cowley, S. (2010). *Wie Sie ihre Pappenheimer im Griff haben: Verhaltensmanagement in der Klasse*. Mülheim: Verlag an der Ruhr.

Dahlmann, M. (2017). *Das Rätsel der Macht. Michel Foucaults Machtbegriff und die Krise der Revolutionstheorie*. Freiburg i. Br.: ça ira.

Drerup, J. (2019). Bildung und das Ethos der Transformation. Anmerkungen zum Verhältnis von Bildungstheorie, Bildungsforschung und pädagogischer Ethik. *Zeitschrift für Praktische Philosophie* 6 (1), S. 61–90.

Dzierzbicka, A. (2006). *Vereinbaren statt Anordnen. Neoliberale Gouvernementalität macht Schule*. Wien: Löcker.

Evertson, C. (2006). *Handbook of Classroom Management. Research, Practice, and Contemporary Issues*. Mahwah, NJ: Lawrence Erlbaum Associates.

Flitner, W. (1985). *Das Selbstverständnis der Erziehungswissenschaft der Gegenwart*. Heidelberg: Quelle & Meyer

Ford, E. E. (1994). *Discipline for Home and School: Teaching Children to Respect the Rights of Others Through Responsible Thinking Based on Perceptual Control Theory*. New York: Brandt.

Foucault, M. (1977). *Überwachen und Strafen. Die Geburt des Gefängnisses.* Frankfurt/Main: Suhrkamp.

Ders. (1978). *Dispositive der Macht. Über Sexualität, Wissen und Wahrheit.* Berlin: Merve.

Ders. (1991). *Die Ordnung des Diskurses. Inauguralvorlesung am Collège de France, 2. Dezember 1970.* Frankfurt/Main: Fischer.

Ders. (1992). *Was ist Kritik?* Berlin: Merve.

Ders. (1993). *Technologien des Selbst.* Frankfurt/Main: Suhrkamp.

Ders. (2004). *Geschichte der Gouvernementalität I. Sicherheit, Territorium, Bevölkerung. Vorlesung am Collège de France 1977–1978.* Herausgegeben von Michel Sennelart. Frankfurt/Main: Suhrkamp.

Ders. (2014). Nietzsche, die Genealogie, die Historie. In ders.: *Schriften in vier Bänden. Dits et Ecrits,* Bd. 2, herausgegeben von Daniel Defert und Francois Ewald unter Mitarbeit von Jacques Lagrange. Frankfurt/Main: Suhrkamp. S. 166–191.

Francke, A. H. (1854). Instruction für die Praeceptores, was sie bey der Disciplin wohl zu beobachten [1713]. *Nachricht über das Königliche Pädagogium zu Halle (19),* S. 29–37.

Freire, P. (1973). *Pädagogik der Unterdrückten. Bildung als Praxis der Freiheit.* Reinbek: Rowohlt.

Geister, O. (2006). *Die Ordnung der Schule. Zur Grundlegung einer Kritik am verwalteten Unterricht.* Ethik im Unterricht, Bd. 7. Münster: Waxmann.

Goodman, J. (2020). Discipline, Punishment and the Moral Community of Schools. *Theory and Research in Education 18* (1), S. 98–116.

Gordon, T. (2012). *Familienkonferenz. Die Lösung von Konflikten zwischen Eltern und Kind.* München: Heyne.

Gräber, S. (2022). Das *Joch der Notwendigkeit.* Eine Heuristik zum Umgang mit dem Paradox pädagogischer Strafe. In Korneli, K. et al. (Hrsg.), *Hinter_Fragen der Erziehungwissenschaft. Perspektiven auf Pädagogik, Wissenschaft und Gesellschaft.* Leverkusen: Barbara Budrich. S. 22–31.

Gruschka, A. (1994). *Bürgerliche Kälte und Pädagogik. Moral in Gesellschaft und Erziehung.* Wetzlar: Büchse der Pandora.

Ders. (2003). Mit Regelverletzungen umgehen – Was dabei gelernt werden kann und muss. *Pädagogische Korrespondenz 30* (3), S. 24–42.

Ders. (2006). Wenn zwei sich streiten, freut sich der Dritte. *Pädagogische Korrespondenz 35,* S. 54–65.

Haag, L., & Streber, D. (2020). *Klassenführung. Erfolgreich unterrichten mit Classroom Management.* 2. Auflage. Weinheim: Beltz.

Hand, M. (2020). On the Necessity of School Punishment. *Theory and Research in Education 18* (1), S. 10–22.

Hegel, G. W. F. (2015). *Grundlinien der Philosophie des Rechts.* Herausgegeben von Eva Moldenhauer und Karl Markus Michel, Werke Bd. 7, 14. Auflage. Frankfurt/Main: Suhrkamp.

Heinze, C., & Straube-Heinze, K. (2013). Körperstrafen als Erziehungsmittel? Deutungsmuster im deutschen pädagogischen Diskurs in der ersten Hälfte des 19. Jahrhunderts. *HSE: Social and Education History 2* (1), S. 47–77.

Hoegg, G. (2012). *Gute Lehrer müssen führen.* Weinheim: Beltz.

Horkheimer, M., & Adorno, Th. W. (2013). *Dialektik der Aufklärung. Philosophische Fragmente.* 21. Auflage. Frankfurt/Main: Suhrkamp.

Institut für Demoskopie Allensbach (Hrsg.) (2011). *Schul- und Bildungspolitik in Deutschland 2011. Ein aktuelles Stimmungsbild der Bevölkerung und der Lehrer.* Allensbach: Institut für Demoskopie.

Johnson, D. W., & Johnson, R. T. (1995). *Teaching Students to be Peacemakers. Interaction Book.* Minnesota: Edina.

Jornitz, S. (2004). Der Trainingsraum. Unterrichtsstörung als Bumerang. *Pädagogische Korrespondenz 33*, S. 98–117.

Kant, I. (1961). *Über Pädagogik.* Herausgegeben von Hermann Holstein. Kamps pädagogische Taschenbücher, Bd. 5. Bochum: Kamp.

Key, E. (1902). *Das Jahrhundert des Kindes.* Berlin: Seydel & Cie.

Kiel, J. M. (2009). Klassenführung. In H. J. Apel, & W. Sacher (Hrsg.), *Studienbuch Schulpädagogik.* Bad Heilbrunn: Klinkhardt. S. 337–354.

Kreis, H. (1982). Stichwort: Strafe. In U. von der Burg, & H. Kreis (Hrsg.), *Lexikon zur Pädagogik. Ein Nachschlagewerk für den Pädagogikunterricht.* Düsseldorf: Bagel.

Korczak, J. (1999). *Das Recht des Kindes auf Achtung.* Werke Bd. 4. Gütersloh: Gütersloher Verlagshaus.

König, J., & Lebens, M. (2012). Classroom Management Expertise (CME) von Lehrkräften messen: Überlegungen zur Testung mithilfe von Videovignetten und erste empirische Befunde. *Lehrerbildung auf dem Prüfstand 5* (1), S. 3–28.

Lemke, T. (2015). Die politische Theorie der Gouvernementalität: Michel Foucault. In: A. Brodocz, & G. Schaal (Hrsg.), *Politische Theorien der Gegenwart I. Eine Einführung.* 4. Auflage. Opladen: Budrich. S. 489–510.

Martin, C. (2020). Punishment and the Argument from Necessity: A Reply to Hand. *Theory and Research in Education 18* (3), S. 352–358.

Messerschmidt, A. (2007). Von der Kritik der Befreiungen zur Befreiung von Kritik? Erkundungen zu Bildungsprozessen nach Foucault. *Pädagogische Korrespondenz 36* (1), S. 44–59.

Meyer-Drawe, K. (1996). Versuch einer Archäologie des pädagogischen Blicks. *Zeitschrift für Pädagogik 42* (5), S. 655–664.

Nolting, H.-P. (2013). *Störungen in der Schulklasse. Ein Leitfaden zur Vorbeugung und Konfliktlösung.* 13. Auflage. Weinheim: Beltz.

Oswald, P. (1973). *Erziehungsmittel. Werkzeuge der Manipulation oder Hilfen zur Emanzipation?* Henns pädagogische Taschenbücher, Bd. 46. Ratingen: Henn.

Petersen, P. (1937). *Führungslehre des Unterrichts.* Langensalza: Beltz.

Pongratz, L. A. (1989). Michel Foucault: Seine Bedeutung für die historische Bildungsforschung. In ders. (Hrsg.), *Sammlung. Fundstücke aus 30 Hochschuljahren.* Online abrufbar unter: http://tuprints.ulb.tu-darmstadt.de/2439. S. 102–112.

Ders. (1995). Freiheit und Zwang. Pädagogische Strafformen im Wandel. In ders. (Hrsg.), *Sammlung. Fundstücke aus 30 Hochschuljahren.* Online abrufbar unter: http://tuprints.ulb.tu-darmstadt.de/2439. S. 174–187.

Ders. (2010a). *Sackgassen der Bildung – Pädagogik anders denken.* Paderborn: Schöningh.

Ders. (2010b). Einstimmung in die Kontrollgesellschaft. Der Trainingsraum als gouvernementale Strafpraxis. *Pädagogische Korrespondenz 41*, S. 63–74.

Prengel, A. (2020a). Der furchtbare Moment im Bildungsprozess – Elemente einer Theorie destruktiver pädagogischer Relationalität. In: G. Hagenauer, & D. Raufelder (Hrsg.), *Soziale Eingebundenheit. Sozialbeziehungen im Fokus von Schule und Lehrer*innenbildung.* Münster: Waxmann. S. 57–70.

Prengel, A. (2020b). *Destruktive Beziehungen in pädagogischen Arbeitsfeldern – Empirische und theoretische Zugänge.* Online abrufbar unter https://paedagogische-beziehungen.eu/wp-content/uploads/2020/05/Prengel_DestruktiveBeziehungen.pdf

QUA-LiS NRW (o. J.). *Classroom management.* Online-Publikation, abrufbar unter https://www.schulentwicklung.nrw.de/cms/inklusiver-fachunterricht/lernumgebungen-gestalten/classroom-management/classroom-management.html

Reichenbach, R. (2007). Kaschierte Dominanz – leichte Unterwerfung. Bemerkungen zur Subtilisierung der pädagogischen Autorität. *Zeitschrift für Pädagogik 53* (5), S. 651–659.

Reitemeyer-Witt, U. (2005). Diskurs und Dialog in der Pädagogik. In: V. Steenblock, E. Martens, & Ch. Gefert (Hrsg.), *Philosophie und Bildung. Beiträge zur Philosophiedidaktik.* Münster: Lit. S. 79–97.

Dies. (2013). *Perfektibilität gegen Perfektion. Rousseaus Theorie gesellschaftlicher Praxis.* 2. Auflage. Berlin, Münster: LIT-Verlag.

Dies. (2021). Pädagogische Ethik. Online-Publikation, abrufbar unter https://www.uni-muenster.de/imperia/md/content/ew/forschung/feuerbach/padagogische_ethik.pdf

Richter, S. (2018). *Pädagogische Strafen. Verhandlungen und Transformationen.* Weinheim: Beltz Juventa.

Dies. (2019). *Pädagogische Strafen in der Schule. Eine ethnographische Collage.* Weinheim: Beltz Juventa.

Robert-Bosch-Stiftung (2022) (Hrsg.). *Das Deutsche Schulbarometer. Aktuelle Herausforderungen der Schulen aus Sicht der Lehrkräfte.* Online-Publikation, abrufbar unter https://www.bosch-stiftung.de/sites/default/files/documents/2022–06/RBS_DIN%20A4%20hoch_SCHULBAROMETER%20220608_RZ_V1.pdf

Rousseau, J.-J. (2019). *Emile oder Über die Erziehung.* Herausgegeben und kommentiert von Tim Zumhof. Stuttgart: Reclam.

Schirlbauer, A. (2005). *Die Moralpredigt. Destruktive Beiträge zur Pädagogik und Bildungspolitik.* Wien: Sonderzahl.

Schleiermacher, F. D. E. (2008). *Pädagogik – Die Theorie der Erziehung von 1820/21 in einer Nachschrift.* Herausgegeben von Christiane Ehrhardt und Wolfgang Virmond. Berlin: De Gruyter.

Schmied-Kowarzik, W. (2008). *Das dialektische Verhältnis von Theorie und Praxis in der Pädagogik.* Kassel: Univ. Press.

Thiemann, F. (1985). *Schulszenen. Vom Herrschen und Leiden.* Frankfurt/Main: Suhrkamp.

Tichy, M. (2017). Bildung nach Foucault. Eine Kritik seiner Rezeption in der Bildungstheorie. *Pädagogische Rundschau 71* (5), S. 523–538.

Tröhler, D. (1999). Rousseaus Problem von Mensch- oder Bürgerbildung und die pädagogische Implikation in Pestalozzis „Nachforschungen". In ders. (Hrsg.), *Pestalozzis „Nachforschungen" II: kontextuelle Studien: Tagungsakten des interdisziplinären Kolloquiums am Pestalozzianum im April 1998.* Bern: Haupt-Verlag, S. 121–160.

Vogl, J. (2014). Genealogie. In: C. Kammler, R. Parr, & U. J. Scheider (Hrsg.), *Foucault-Handbuch – Leben – Werk – Wirkung.* Stuttgart: J.B. Metzler. S. 255–258.

Warnick, B. R., & Scribner, C. F. (2020). Discipline, Punishment and the Moral Community of Schools. *Theory and Research in Education 18* (1). S. 98–116.

Weniger, E. (1990). Theorie und Praxis in der Erziehung. In ders. (Hrsg.), *Ausgewählte Schriften zur geisteswissenschaftlichen Pädagogik*. Weinheim: Beltz. S. 29–44.

Werning, R., & Avci-Werning, M. (2015). *Herausforderung Inklusion in Schule und Unterricht*. Seelze: Klett-Kallmeyer.

Wittgenstein, L. (2003). *Philosophische Untersuchungen*. Frankfurt/Main: Suhrkamp.